国法学

岸崎昌
中村孝　合著

明治三十三年發行

國法學

日本立法資料全集　別巻
1204

信山社

灋學士　岸崎昌
故　中村孝　合著

國法學

東京　博文館藏版

凡例

一、本書特に一般國法學と稱せずと雖とも、特別國法學と區別あるを知るを要す、特別國法學は實在の一國の國法を論ずるものにして一國の憲法論と殆其性質及範圍を等くす、一般國法學は之に反し、各種の國家に通じ又は一種類の國家に通ずる國法の法則を論ずるを以て其職とす、本書の目的後者にありて前者にあらす

一、本書は讀者の便を圖り、系統上少しく意を用ひたる點なきに非す、是等も亦其當を得ざるあらば諸先輩の敎正を聽かん事を期す

一、本書往々諸學者の有力なる學說に存する問題に就ても、特に簡明を主とし省略せるもの尠からず、此等は他日特別なる題目の下に讀者に見ゆることあらんなり

一、本書固と兩名の合著に成る故に其所見を異にする點尠からず併し徒に所見を鬪はすは本書の趣意にあらず、要するに國法學の概念を說明せんとするにあり故に或點は岸崎の所見により他の點は中村の所信に據る者あるべし

國法學目次

第二巻　國家の機關（各論）……七九

第三編　裁判所

國法學目次終

國法學

法學士 岸崎昌
故 中村孝
合著

緒論

第一編 國法學の意義

國法學は其名の示す如く國家の法を論ずる學なり。國家に關する學なるが故に國家學の一部たり。法を論ずる學なるが故に法學の一部たり。今便宜の爲に之を二段に分ちて逐次に説明せんとす。

第一章 法學上の位置

國法學は法學の一部たり

國法學は法學の一部たり。法學に於て論ずる所の法の觀念は如何。其所謂法なる者に區別すべき種類ありや。若し種類あらば、國法學に於て論ずる所の國家の法なる者は、其孰れに屬すべき者なりや。此等諸種の疑問に對する解答は、應さに斯學半面の範圍及位置を明かにするに足るべし。

第一節　法の觀念

最廣き法の觀念

自然法及社會法

法とは何ぞや。法とは秩序なり、秩序とは事物の順序なり、一事物に隨て常に他の一事物の生ずる狀態をいふ。是れ最廣義の法なり。此意味に於ける法は自然法及び社會法の二者を包含す。自然法とは自然の力によりて定まれる事物の順序なり、社會法とは人の意思によりて定めたる事物の順序なり。人は生物學上の自然人として、自然の法に違ふ事能はず、自然が之を强制すればなり。又人は法學上所謂人としては、社會の法に違ふ事もあり得べし、唯自然の力の外に之を强制して違はざらしむる力あるのみ。之を權力といふ。二者共に法なり、二者共に人を支配す、唯其基く所を異にし强制する力を異にするによりて同じからざるのみ。是を以て二者分れて二學を成す。自然法は自然學の研究する所。法學に於て法と稱するは專ら社會法を指すなり。

稍狹き法の觀念

道德及法

法學上の法とは社會法なり。社會の法とは人の依て以て協同生活を爲す所の規則なり。人は絶對孤立して生存する者に非ず、二人相倚り五人相扶け夫婦となり親屬を成し數戶數族相集り村を成し組合を作り、多數協同して生活を營む者なり、其基く所或は血族的關係に存するあらん、或は經濟的關係に存するあらん、或は二者兩ら相須つあらん、或は又其他の關係に基くものあらん。要するに常に必多數相集て協同の生活を爲す者なり。之を社會といふ。既に社會あり、之を律するの法なかるべからず。事實として社會あれば必法あり、法なければ社會なし、社會をして存續せしめ、協同生活の狀態をして圓滑ならしむるもの即ち順序法則に外ならず、是れ法なり、理論としても社會あれば法なかるべからざるなり。夫の倫理といひ道德といひ正といひ義といふ、皆此の觀念に外ならず、人の道とは人の協同生活に於て其之を爲すに最適合したる狀態を指すに外ならず。是れ法なり、社會の法なり。道德と法とは其の初分離せず、二者共に人の交際の順序準繩として共同の性質及效用を有せしなり。其後社會の發達に伴ひ交際の關係復雜となるに隨て、二者漸く分離するに至れり。社會進化の必要が之を促すなり。人が自ら社會的生活に適合せる事を覺知し、其信仰によりて行はるゝ所の規則が倫理道德なり。社會を成せる各個人の上に權力なる者ありて、其强制によりて行はるゝ所の規則が近世に於ける法の觀念なり。是れ二者區別の標準たり。

最狹き法の觀念

法とは權力に依て維持せらるゝ人の協同生活の規則なり。是れ道德と分離せる近世法學上所謂法の觀念にして、法の觀念の最狹き者なり。此觀念は二要素より成る。

協同生活の規則

一は協同生活の規則といふ事にして前段既に之が說明を了へたり。

權力

他は即權力といふ事なり。權力は法の要素たり、必しも秩序を紊る者に非ず、秩序を維持する者も亦權力なり、權力とは强者が弱者を强制する力たり、自然の腕力に非ず、意思の力なり、我の意思を以て他の意思を制限する力なり。此力なければ、各人孤立して平等に各個無制限の意思を有するのみ、斯くの如き個人の集團には秩序なし、秩序なければ法なし。權力は法の一要素たり。法の一要素たる權力は近世の社會に於ては、形容していへば國家が獨占す。主觀的にいへば國家が即權力たり、國家は社會を維持し社會の秩序を保ち人の共同生活を保護する爲に法を設け法を行ふ、國家獨り之を設け之を行ふのみ、各個人に此力なし、各個人は對等にして二人が他を强制する事克はざればなり。國家は各個人の上に在りて獨り此力を有す。法は國家が制限する自由意思の範圍なりといふ定義も此觀念に外ならず。自由意思の制限は秩序たり、國家は即權力たり。語は異なるが如くにして意は即一なり。

第二節　公法及私法

法を公私の二に分つ所以
(一)個人自主の生活及團躰協同の生活

法は人の社會的生活の規則なり。人の社會的生活に兩面あり、一は個人自主の生活にして他は團躰共同の生活なり。社會を成す人はもとより個人の間に於て其自主生存の目的を有し、之を達せんが爲に活動す、之を人の生命といふなり。然れども又他の側面に於て團躰其自身の生命なる者あり、團躰は其共同生存の目的を有し、之を達せんが爲に活動す。彼の國家に忠なりと稱して、個人の生命を犧牲に供する者あるは之れが爲なり。又彼の個人は朝に生れ夕に死し新陳代謝已む時なきも、團躰は依然として存續す、是れ個人の生命の外に團躰自身の共同生活ありといふ所以なり。人の生活に兩面あり、之を律するに二樣の法なかるべからず、是れ法に公私兩樣の區別ある所以の一なり。個人自主の關係を規定する者

（二）平等關係及權力關係

を私法と名け、團躰共同の關係を規定する者を公法と名く。

之を他の方面より觀察す。事實として自然に各人は不平等なる者なり、其躰力に於て、其智力に於て各人悉く平等無差別なりといふ事能はず、甲者あり乙者あり優者あり劣者あり。而優者は常に劣者を壓制す、優勝劣敗の理と稱する者是なり。然れども又た優者をして恣に其意に隨て劣者を壓抑せしむれば、社會の秩序紊滅す。之を制限する者は法の力なり、之によりて事實上不平等なる各人も法の前に平等の地位を得、社會の秩序始めて完し。社會の秩序は權力、平等兩樣の關係存するによりて克く維持せらる、是れ法に公私兩樣の區別ある所以の二なり。平等相對の關係を規定する者を私法と呼び、權力服從の關係を規定する者を公法と呼ぶ。

以上兩樣の觀察は表裏一に歸す。人が團躰の分子として團躰其者に對する關係は不平等關係なり權力服從關係なり。人が個人自主躰として個人自主躰に對する關係は平等關係なり無權力關係なり。人が團躰を成し社會を作るは其共同生存目的の下に自己生存目的を有し其共同の力によりて之を遂せんとする事實によりて成立する者なり、二者相矛盾する事なし、二者相須て始めて社會あり、社會ありて法あり、社會顯象に其本質を異にする二樣の關係あるによりて、法に公法私法の別あるなり。

國法學は公法を論する學也

法に公法私法の二あり。公法は權力關係を規定す。權力とは自己の意思を以て他人の自由意思を制限する力をいふ。此力は近世の社會に於ては唯國家に在て存す。個人相互の間は無權力なり、相對平等とは權力なき事をいふなり。故に近世の社會に於ては、公法は國家に關する法といふに同じ、國家に關する法は即國法なり。

國法學に於て論ずる所の法は公法たり。是れ最注意を要す。公法私法は其規定する所の法律關係の本質を異にす。公法の說明は公法の觀念に於てすべし。私法の觀念を混ずるを容さず、國法學は權力關係の研究なり、權利關係の研究を須ふるを許さず。從來歐洲諸學者の著書等に於ては、此二者を混同するが故に、斯學の研究をして曖昧不分明に了らしむる者多し、彼歐洲に於ても又我日本に於ても、封建時代に於ては二者混亂し、土地が總の權力の原なりしを以て、土地の所有權と國の統治權とが連結し、國家は最大なる地主にして、諸侯伯は其次に位する地主なり、人民は小作人なり、といふ觀念なりしなり。然れども近世に及び、彼の政治歷史に於て所謂中央集權の時代となりてより、國權の統一を明かにし、統治權は一に唯一の權力者たる國家に存する事を明かにするに至れり。此發達したる近世の法理に於ては公法私法は明に分離し、彼を以て此を紊る可らず。彼歐洲諸學者此謬に陷れる者少しとせず。予初之を穗積先生に聽く、本書特に意を此に用ふ。

國法と國際公法及行政法との區別

國法は公法の一部たり、公法の中別に國際公法及行政法のあるあり、此二者との區別を明にするに非んば、未だ國法學の法學上に於ける位置を明かにするに足らざるなり。國際公法は一の國家が他の國家に對する關係を規定する者、是れ平等の關係なり、嚴格に所謂公法に非ず、而學者或は國際法の存在を非認する者あり、故に姑く之を措く。行政法は行政に關する法なり、行政とは國法の範圍內に於て國家が其目的を達するに必要なる權力行爲なり、行政は國法の下に在り、之を規律する者が行政法なり。行政に就ては倘詳しく後篇に於て說明すへし、今は唯此區別を明かにするのみ。國法は公法の一部たり、公法の中國際公法及び行政法を除却し得たる者を以て其實質とす。

第二章　國家學上の位置

國法學は國家學の一部たり。國家學は國家に關する學たり。然らば國家とは何ぞ、是れ先づ明にせざる可らざる觀念の一なり。次には國家學は如何なる學科より成るか、其諸學科中に於ける國法學の位置如何、此等亦重要なる問題なり。既に斯學半面の意義を明かにしたるを以て、此章に於て此等の問題を解釋する時は、正に他の半面の意義をして分明ならしむるを得ん。

第一節　國家の觀念

近世國家觀念の要素

事實上沿革的に觀察する時は國家の組織一にして足らず、血族を同ふするによりて、血族的國家を組成し、民族を同ふするに由りて、民族的國家を成し、或は經濟上の便宜に出で、或は宗敎上の信仰に基き、諸種の國家を成しゝを見る。然れども此等を討尋するは國家歷史の範圍に屬す。此節に於ては唯近世に於ける國家觀念の要素を述ぶるに止めんのみ。

(一)人格

國家は人格を有す。人格とは何ぞや。人格とは人の自主生存の目的の存在にして國家が之を認めたる者をいふ、國家は各個人の生存目的の外に獨立なる自主の目的を有す、國家の上に國家なし、國家は自ら認めて人格者たるなり、國家が自ら認めて人格者たる事を得るは國家が權力者たればなり、臣民に此權力なし、故に國家が之を認めて人格を與ふるなり。法は人と人との交際の秩序なり、然れども自然人と自然人との間には法なし、法は人格者間の秩序なり、國家自ら人格者たらずんば人民に對する法律關係を生ずるの理なし、人格者に非る國家が臣民に命令ずるも、是れ事實上腕力の關係なり、國法學の範圍に入る者に非ず、法理の外に出づ。法理上國家は人格者たり、自ら人格者となるなり、人格者たる國家の權力行爲にして初めて法律關係を惹起し、國法學上の問題となる。國家は人格を有す、是れ近世國家觀念の第一要素たり。

(二)多數人の協同團体

國家は多數人の協同團体なり。多數といふと雖必しも幾千萬の數を以て限るの謂に非ず、極端にいへば二人あるも可なり五人存するも可なり、唯二人以上多數の人が協同團体をなさば足れり、協同團体といふは單に器械的の集合に非ずして、協同の生存目的を有するの意なり、協同の生存目的を有す、故に國家は各個人の意思の外に獨立したる自己の意思を有す、意思とは人格を主張する力なり、國家は此目的を達し此意思を表示する爲に機關を具備す。ブルンチユリー氏の、國家は有機躰なり機關を具備し機關に依て各部を連結する事猶ほ人躰の骨肉四肢を有するが如し、と説きしも此觀念を形容したる者に外ならず、國家は機關を具備する人の集合躰なり。是れ近世國家觀念の第二要素たり。

(三)一定の疆土

國家は一定の疆土を有す。土地を以て國家の要素と爲すは人民が常に土地の上に生活すといふ事實を指すに非ず、人は鳥に非ず中空を飛翔せず、魚に非ず水上に游泳せず、常に土地の上に生活す、然れども單に此事實を以て國家の要素となすに非るなり。近世の國家は、國家其者の成立上之を其要素となす事を覺知し之を以て其存立の基礎となすなり。故に近世の國家は外國といふ觀念を生ぜり、自己の權力は自己の疆土内に行はれ、其以外に於て行はれざる處を外國といふなり。彼の古の支那に於ては土地を以て要素となさざるの觀念なり。天に二日なく地に二王なし、支那の皇帝は天下の王たりしなり。近世の國家は一定の疆土を有す。是れ第三要素たり。

(四)獨立主權

國家は獨立主權を有す。主權とは命令し强制する權力の義なり。平等の人相集て協同の生活を爲す、是れ社會なり、社會に權力者即主權者を見るに及び一變して國家となる、獨立主權の有無は國家と社會との依て分るゝ所以なり、主權の上に獨立の二字を冠するは他の威力に依らずして自ら存在するをいふ、國家の上に國家なく、主權の外に權力なし、自ら生じ自ら働き、及ばざる所なく能はざる所なし。但國家には一定の疆土あり、其權力も自ら其範圍內に制限せらる、其範圍外に出づる事ありとせば、是既に國法學の問題外に逸失する者たり。國家は獨立主權を有す、是れ第四要素なり。

客觀的定義

以上客觀的に國家の要素を觀察し以て四要素を得たり、試に之を一括して定義を下さんか、國家とは、人躰を有し機關を具ふる人の集合躰にして、一定の疆土內に自己の權力を行ふ者なり。

主觀的定義

之を主觀的に觀察すれば、國家は權力の主躰たり、公法の觀念に於ては之を以て足れりとす、國家は唯一の權力存在する處たるなり。國法は國家が臣民に對する權力關係を規定す、國法學上國家といふは即權力

国家學の分類

を指すなり。

第二節　國家學及國法學

國家學は國家に就ての學なり（ブルンチユリー）、國家は諸種の規則に支配せらる、自然の法則あり、自ら定めたる法規あり、道德の羈束あり、政治の拘束あり、此等諸種の點より觀察の方法を異にするに隨ひ、國家學に諸種の分類を生ず。モール氏作る所の表に隨へば、國家學を大別して二とす。

第一、記述的國家學、

第二、理論的國家學、

前者は更に分ちて歷史及統計の二とす。後者は中別して四とす。

一、國家通論

二、公　法

三、國家道義學

四、政治學

國法學の位置

國家通論は汎く國家の性質起原組織等を論じ、國家道義學は其名の示すが如く國家を支配する道德の規則を論じ政治學は國家の目的を達するが爲に適當なる手段を論ずる者なり。而公法は人格者たる國家の定めたる法を論ずる者、細別して、國際法及國法學の二とす。此分類は未だ全しといふべからず、國際法は公法中より除外し之に代ふるに行政法を以てせんには稍完きに近からんか。兎に角、國法者は理論的國家學の一部たる公法に屬し、人格者たる國家が自ら定め又は自ら認めたる法規に就て論ずる學なり。是れ國法學が國家學上に於ける位置を明かにするに足る。

第三章　國法學の定義

國法學の定義

以上二章に於て、國法學兩面の位置を明にしたり。今特に此章を設けて、概括的の定義を與へ、以て此篇を終らんとす。

國法學とは人格者たる國家が自ら定め又は自ら認めたる法規に依りて臣民に對して行ふ所の權力行爲に就て論ずる學をいふ。

予は右に揭ぐる定義を以て最明白にして疑義を有せざるものなりと信ず、少くとも此意義に於ける國法學を講究するは本書の目的とする所なり、然れども凡學問の定義は學者の最難んずる所、而之を輕忽に下す可らざるは、予亦之を知らざるに非ず、而敢て之を試る所以の者他なし、讀者をして先づ斯學に關する概念を了解せしめん事を欲すればなり。

第四章　普通國法學及特別國法學

國法學の意義は以上三章に於て說明せしが如し、是れ國法學に關する大躰の概念なり、而本書題して國法學と稱するには又特別の意義を有するものたり、之れが爲には國法學に普通國法學及特別國法學の二種ある事を辨せざる可らず。

特別國法學と稱するものは實在の一國の國法を論ずる學にして、普通國法學は各種の國家に通ひ又は一種類の國家に通ずる國法の法則を論ずる學なり、故に普通國法學も亦實在の法を論ずるものにして、ホルッエンドルフのいふが如く、正理若くは穩當といふ點より立論するに非ず、各國々法は相互に異なる規定多かるべしと雖、諸國に通ずる原則も亦少きに非るべし、是れ其原因は數多あるべく其一は諸國互に摸倣するに由り生するものもあらん例へば議院の制度の如き其一なり、又同一の法律的思想に由りて支配せられたる結果もあらん、例へば獨乙諸邦及墺國の法制の如き是なり、或は又同一の學說の影響を受けたるもあらん、三權分立論の如きは其著るしきものなり、其原因の何れに存するかを問はず、諸國の制度にして一般に通ずる原則に基くものは、皆普通國法學の材料たらざるなし。然れども啻に諸國が同一の原則を有せる場合のみならず、其制度を異にせる場合に於ても、普通國法學は其差異の如何なる原則に基きて生じたる者なるか又其差異によりて如何なる原則の差異を生ずるかを探究し、而如何なる論點に於て之を一の系統に綜合する事を得るかを講ずるを以て目的とす。

諸國に通ずる法則は諸國制度の綜合に依て愈明かなるを得、諸國互に原則を異にする者は反對の原則との對照により愈其精神を詳にする事を得るのみならず、將來制度の進歩を促すに大なる効なしとせず、要するに普通國法は特別國法より歸納したる概念にして、特別國法の如く直接に其國々に効力を有するものに非ず、然れども特別國法を解釋するの助としては尠からざる効あるべし。
本書の論ずる所は普通國法に在りて特別國法にあらず。

第二編　國法の淵源

國法とは國家の權力關係を規定する法規をいふ、是れ既に第一篇に於て概括的に與へられたる實質的の觀念なり。本篇に於ては、稍分析的に之れが形式的觀念を說明せんとす、兩ら併せ得て國法と稱する者の觀念を得るに庶幾らんか。國法の淵源として數ふ可き者五あり、以下章節を分ちて逐次に簡說すべし。

第一章　成文法

法に成文不文の別あり。國家が自ら定めたる法規を成文法といひ。又既に存在せる規則に依り國家が行動すべき事を自ら認めたる法規を不文法といひ或は習慣法と名く、故に前者は其明文あり、後者はこれなし。先づ成文法と名く可き者より說き出さんとす。

成文法（一）法律及命令

成文法の中第一に國法の淵源たる者は法律及び命令なり、或は之を略して單に法令といふ。

第一節　法律及命令

二者の異同

法律といひ命令といふ等しく國家の權力命令たり、其實質的意義に於ては異なる事なし、然れども法律は其成立手續上特に議會の協贊を經たる者なり、是れ命令と其形式的意義を異にする點なり。故に法律も命令も等しく國家が之に依る可き事を表示したる以上之を廢止變更せざる限は之に拘束せられ、臣民はもとより絶對的に之に服從す。二者其實質的效力に至ては異なる事なし、然れども法律は其成立手續と全樣の形式を踐まざれば之を廢止變更するを得ず、議會の協贊を經るに非れば法律を以てするに非れば廢止變更するを得ず、命令を以てすることを得ず、二者の異なるは其形式的意義にあり、其形式的效力の强弱にあり。形容していへば法律は命令の上に位す。此等區別等詳くは後國家の作用を論ずるの章に讓る。此節には唯法律及命令に關する概括的の觀念を示すのみ。

法律命令は國家權力關係の規定なり。是其法理上の觀念たり。實際に於ては必

（二）憲法

憲法と通常の法律と異なる點

しも然らず。法律と名くる者の中にも公債募集に關する者の如き行政行爲に過ぎざる者あり。命令と稱せらるゝ者の中にも單に官廳事務の心得に止るが如き行政命令あり。此等實際上事實に於ては法令の名を有するも、法理上嚴格なる意義に於ける法令に非ず、もとより國法の淵源を成さゞるなり。法理上國法の淵源たる者は法令の中國家權力關係を規定する者に限る。すべて此一事に限らず名を以て實を誤る可らざるなり。

第二節　憲法

法律命令の外特に憲法と稱する者あり、憲法は實質形式二樣の意義を有す。實質的に其規定する事項に就ていへば國家統治の大則なり。形式的に其効力に就ていへば通常の法律命令を以て變更するを得ずといふ特種の効力ある一種の成文法たり。然れども實際上の事實としては各國憲法は其條項が悉く皆統治の大則のみを含む者に非ず、又憲法以外に統治の大則を定むる者なきに非ず。其主として通常の法律と異なるは其制定變更の手續にあり。憲法制定の手續は各國其軌を一にせずと雖、其通常の法律に關する手續と異なる特別なる形式を要するの一點に至ては則相同じ。但英國は此點に就て唯一の例外たり、英國は憲法の典章を有せざるのみならず、憲法と普通の法律とを區別せず、國家統治の大則も法律を以て之を規定する事を得、隨て憲法は一片の法律を以て之を變更する事を得るなり。

憲法變更の手續

(一)特別の機關に由るもの

(二)通常の立法機關に由るもの

憲法變更の手續を分て二類とす。其一は之を通常の立法機關に委任せずして之れが爲に特別の機關を設くる者、北米合衆國及瑞西國是なり、兩國は其國幹民主的にして同時に其國家聯合的なるの事實に由り、公民及各邦が其多數決を以て之を行ふ。其二は通常の立法機關に其權限を與ふるも之れが爲に特に鄭重なる手續を履行せしめ以て憲法の保障となす者、其保障を列擧すれば總て六種となる。

保障

(一)、一定の出席議員ありて一定の投票數を得る事、(墺國、獨乙帝國、日本)、
(二)、一定の期間を隔てゝ數回の議決を經る事、(普國)
(三)、發案權を制限する事、(バヾリヤ)
(四)、攝政を置くの間之を許さざる事、(日本。ウエルテムブルク)

佛國の制度は二者を混淆す

我國の憲法は廢止するを得ず

(五)、改正を議決するの前議會の改撰を行ふ事、(白耳義、和蘭、瑞典)

(六)、一定の期間之を許さざる事、(葡萄牙)

佛國は此等兩制度を混淆し、其議決權を國民會に與ふ、國民會は特別の集會なれども其議員は通常の立法機關たる兩院の議員より成る。我國は一の憲法々典を有す、此法典は之を廢止するを得ず。憲法第七十三條は單に條項の變更に關する規定たるに止り、廢止に關する一の條文を有せず。是れ君主の隨意に廢止する事を認むるの趣旨に非ずして、憲法廢止を否定する所以の趣意なり。國家は全能にして爲し克はざる事なし、然れども一旦憲法を定め之に依りて統治する事を認めたる以上は之に隨て行動せざる可らず、國家は權力を有す、然れども憲法破棄は革命なり、法理の範圍を出でゝ實力の問題に入る、我國は憲法を變更することを得、憲法所定の條規に隨ふなり、我國法上憲法を廢止するを得ず、依る可きの明文存せざればなり、故によし改正に改正を加へて終に事實上憲法を廢止したると同一の結果を呈する事ありとするも、形式上改正は改正にして廢止に非ず。變更の手續は我憲法第七十三條之を規定す第二の制度に屬する者なり。

第三節　家法

家法とは我國に於て皇室典範と稱する者なり。歐洲立憲諸國中これあるは獨乙諸邦及び墺國のみにして此等諸國の家法は我皇室典範とは大に趣を異にする者あり。彼に在ては其初土地人民を以て君主の世襲財産と同視し、其君位繼承及其の他君主の家族に關する事項を規定せる家法は、君主の自主權に依る內部の規則なり、而近世法理の發達に隨ひ、統治權と所有權との觀念分離し、家法の規定中君位繼承法の如きは漸く憲法の規定に移り、愈々皇室內部の規則たるの性質を明かにするに至れり。此皇室自主權に依る規定は皇親內部の關係を規定するに止り、外部に對し臣民に向て何等權力關係を惹起する事なし、此等は國法の淵源たるに値せざる者なり。

我皇室典範に至ては則然らず、典範は皇位繼承の順序を定め、君主成年に關する規定及攝政に關する規定を包含す、其實質に於て皇室內部の事項のみならず、國家組織の大則を定むる者たり、自主權に依る內部の規則に非ず然れども又憲法の一部に非ず、憲法とは明かに之を區別せり、憲法第七十四條第二項に曰く、皇室

(四)條約法

國法の淵源たるものは條約其自体に非す

典範の條規を以て此憲法の條規を變更するを得ずと、故に典範は其効力に於て憲法の外に在り、典範は我國躰上國の存立の基礎に係る事を定む、國ありて憲法あり、我國躰上皇位は本なり憲法は末なり、憲法は改正すべし、皇位は改正す可らず、皇位滅べば國亡ぶ、典範は我國躰上不磨の大典たり、故に之を憲法の外に置く、もとより之を以て普通の法令と同一視す可らず、議會の決議によりて變更するとを許さず、もとより議會の協贊を須て初めて成立する者に非ず、國躰の成立と共に成立し國躰の不易なる間は不易なり、形容していへは我國法の淵源中其第一位に位する者たり。

第四節　條約法

條約は約束にして法令に非ず、之を公布するも約束は約束にして法令とならず、直ちに臣民を拘束するの力なし、條約は國家と國家との約束にして法理上約束は當然當事者以外に及ぼす効力も有せざればなり、條約は一の國家に對して他の國家を束縛す、國家として束縛す、臣民を束縛するに非ず、條約の規定が或國家内の臣民に對して效力を生ずるは條約を履行するが爲に發したる法律命令に依るなり、之を條約法といふ、臣民は條約法に服從する義務あるのみ、國法の淵源たる者も條約其者に非ずして、之れが爲に國內の臣民に對して公布する條約法なる者なり。但北米合衆國の如く、其憲法に於て條約は國內に於て法律同樣の効力を有する事を規定せる者は、其特別の明文に依る者にして、條約當然の効力として然るに非るなり。此等條約の性質及び効力に至ては、後國家の機能を論する時に及で詳說する所あるべきなり、玆には唯國法の淵源たるものは條約其者に非ずして條約法なる事をいふ。

第二章　不文法

不文法も亦國法の淵源たり

不文法一に慣習法と名く、國家が自ら制定したる者に非ず、國家か自ら拘束せられ臣民が服從すべき事を國家の默認したる者なり、是亦國法の淵源たり、若し不文法を以て國法の淵源となさざる時は、各國は憲法制定以前に於て又英國は現今に於ても國法なる者を有せずとなさゞる可らず、然れども國法なき國は存立せざるなり、國の存立と同時に國法は存在す、議決公布等制定の手續を待て初

不文法の効力

めて國法あるに非るなり。

不文法も亦國法淵源の一たり。然れども其効力あるは國家の默認による。故に不文法は法律を以て之を廢止し得るはもとより、憲法に於て立法事項として必立法手續に依るを要する事を定めたる者の外は、命令を以てしても之を廢止する事を得。又法律を以て全く慣習法を禁止する事を得、又之を制限する事を得、普國に於ては法律の範圍内に於て慣習法を認め、佛國に於ては商法の區域内及法律が慣習法に讓る場合に於てのみ之を認む。又慣習法は法令を廢止變更するを得ず、國家の命令の中反對の明文存する場合に於ては國家の默認ありといふ事を得ざるが故に、此場合に於ては慣習法は法の効力なしといはざる可らず、法令と抵觸せざる範圍内に於て法の効力あり、不文法の中此部分のみが國法の淵源たるなり。

國法の諸淵源

此篇を終るに臨み、以上説明したる國法の諸淵源を概括して、其効力の强弱、國法上に及ぼす勢力大小に隨て順次に排列せんか。

第一、　皇室典範

第二、憲法

第三、法律

第四、命令

第五、條約法

第六、慣習法

略ぼ右の如き六種あるを發見すべし、本書が研究の事實上の目的とするもの亦概右の六種の外に出でず。

第一卷　國家の組織

序說

緒論第一篇第二章第一節に於て概括的に國家觀念の四要素を掲げたり。本卷に於ては其各要素に就て聊細岐に亘て論述せんとす、所謂四要素とは何ぞ、曰く曰く統治權、曰く領土、曰く臣民、曰く國家機關是なり。

第一編　統治權

序說

國家は獨立主權を有し之に依て自ら統治す。此權力を名けて統治權といふ、國家は統治權を獨占す、是れ國家の第一義たり。

抑々統治權とは如何なるものなりや、如何なる事項を目的となすものなりや、國によりて其存する場處及行動する方法に異同ありやの、此四問あり。

統治權の性質

一、統治權は唯一不可分也

二、統治權は全能無制限也

第一章　統治權の性質

統治權は唯一不可分なり。統治權は國家の權力なり、國家の權力の外に他の權力ありとせば、國家內更に他の國家を生ず、是れ國家の觀念に反す。彼の佛國革命前モンテスキウが主唱せし三權分立論は此點に於て排斥すべき者なり、彼は國家の權力を分ちて司法立法行政の三となせり、此三區別は或意味に於て有理なり、國家權力行動の形式を分つに此標準を以てすべき事第三卷に於て述べんとするが如し、然れども國家權力其者は分割す可らず、權力其者を分割すれば國家は二三の國家となる、國家は唯一にして二三ある可らず、統治權は唯一にして分割す可らず。

統治權は全能にして爲し克はざる事なし。統治權は國家內に於ける唯一絶對の力なり、國家內に於て之を制限する者なし若し之れありとせば國家內更に他の權力を生じ國家の觀念を容れず、統治權は全能にして無制限なり、然れども事實上の不能は統治權と雖之を奈何ともする克はず、無制限とは法律上他の制限

三、統治權は一國內及はざる所なし

を受けざるの義なり、彼の英國の國會は女子を男子とし男子を女子とする事を得ざるのみといふも亦此觀念に外ならず。國家は直接又は間接に自己の意思に基ひて他の制限を受くる事あり、是れ國家の觀念と相牴觸せざるのみならず、却て益之を明かにす、國家は全能なり、他の制限を受けずして行動する事をも爲し得ると同時に、自ら他の制限を受けて行動する事を欲して之を爲す事をも得るなり。

統治權の定義

統治權は廣くして及ばざる所なく深くして達せざる所なし、統治權は唯一にして全能なり、一國の疆土內之を制限する者なし、臣民は平等なり無權力なり唯一權力に絕對的に服從す、何人も統治權を侵す克はず、何人も統治權の命令に背く克はず。疆土內寸尺の地たりとも果して統治權の及ばざるあらば是れ既に國家の疆土に非ず、外國なり、外國主權の下に在る疆土なりと認めざる可らず、

以上列擧し來れる諸性質を概括的に表明す。統治權とは一國の疆土內に於ける唯一無限の權力なり。

統治權の實質は國家の目的によりて知る事を得

國家の目的の三變遷

（一）專制國時代

第二章　統治權の實質

統治權は國家の權力行爲なり、如何なる行爲を實質とするかは統治權の性質より直ちに演繹するを得ず、其實質は國家の目的によりて自ら定まる者なり、國家は如何なる目的の下に權力を行ふか、其目的の異なるに隨て其行爲も異ならざるを得ず、必しも一目的は必一の形式に依りて達せられ他の目的の爲にする形式と區別せらるゝ者には非ず、然れども或目的を達するには或手段を用ひざる可らず、國家の目的を知悉すれば自ら國家が之を達するが爲にする行爲の實質を究むる事を得。

歷史上過去現在に於ける實在の國家は甚多し、隨て其目的とする所悉く同一なりといふを得ず、之を政治上歷史的に觀察すれば凡三時代を經たり。

（一）專制國時代。國家の基礎薄弱にして動もすれば主權の分割せんとする時代に於ては、國家自存の計に汲々として他を顧るの暇なし、是時に當ては國家の目的は自存に在り、之れが爲に必要なる兵力を養ひ、財力を蓄ふるを以て第一の事

とす、而未だ他に及ばず、

(二)警察國時代

(二)警察國時代。國の存立の基礎漸く鞏固なるを得るに及び、臣民の幸福利益を增進する事を計る、臣民の文化の進歩は國運の進歩なればなり、國家は之れが爲に、一方に於ては消極的に人民の利益に對する危險及障礙を除き他方に於ては積極的に人民の利益及幸福を進歩するの設備をなす、而其國家が干涉するは個人の力の及ばざる限度に於てす、臣民は國家の干涉及保護によりて其處に安じ其業を營むことを得、もとより臣民の力克く防衞し設備し得る事は臣民自ら之を爲すに任す。

(三)法治國時代

(三)法治國時代。專制警察國時代と雖法なきに非ず。徵兵徵稅の規則、治安警察の律令なきに非ず、然れども此等は國家が專制的に發する所にして隨意的に廢改する事を得る者なり、其自發する法によりて國家も覊束せらるゝに及びて法治國時代に移る、此時代の國家は法治を目的とす、前兩時代に於けるが如く手段として法を用ふるのみに非る也、彼の私法を作り才判を設け權利を保護するは、國家に於ては其自身の外他に何等の目的を有せざるなり。

近代の國家の目的三あり

目的を達する の手段種々あり統治權の實質は一々列擧し難し

近代の國家は以上三時代を經過し來れる者なり、故に其目的三あり、一に自存、二に文化、三に法治是なり、目的は三ありと雖、之を達するの法は必しも各別に存せず、或は一の權力行動にして二三の目的を兼ね有する事あり、例へば租税を徴收するは主として自存の目的に出づるも、或は文化の目的を兼ぬる事なしとせず、法律は三目的兼ね有する者なり、又此三目的は國權行動の三形式と一致する者に非ず、司法は專ら法を目的とすれども、立法行政は各三目的を兼ぬるを見る可し、此等の說明は第三巻國家の機能を讀了して後再會得せらるゝを待つ、第三巻は國家の機能を各別に論じ、立法行政司法の三機能か、如何なる目的の下に、如何なる形式に於て、行動するかを詳述す可きが故に、國家の目的とする所と、國權の實質とが自ら分明なるべきを信ずるなり、然らば本章に於ては、唯此等大躰の事に就て概論するに止むるを以て、講述の躰裁に協ふものとす、斯くの如く便宜上彼に粗にして此に密なる事往々これあるべし、彼此相參照して益々明かなるに庶幾からん。

第三章　國躰の種別

國躰は主權の存する處によりて區別せらる

國躰とは國家の組織をいふ。國家は主觀的公法的の觀念としては主權の存在なり。故に國家の組織は主權の存する所に依りて區別せらる。之を國躰の種別といふ。國躰の區別は政躰の區別と異なり。政躰は統治の形式によりて區別せらる、主權が何處に存するかを問はざるなり。政躰の種別に就ては後章に說明す可し。

國躰種別の名稱

國躰は之を分て三とす。君主國躰、民主國躰、君民同治國躰是なり、主權君主に在るを君主國躰と稱し、人民の集合躰に在るを民主國躰、人民及君主に在るを君民同治國躰と稱す。或は之を分て二となす事を得。君主國躰及共和國躰となす者是なり。所謂共和國躰とは人民に主權の全部又は一部存するをいひ、前の分類に隨ふ民主君民同治の二種別を合して一類としたる者也、予は主として後者の分類法に隨ふ。

國躰は國家組織の名なり、如何にして國家が組織せらるゝかは國家成立の當時に於ける國民の觀念に基く沿革的の問題なり。果して歐洲諸國建國の觀念は

(一)共和國躰

我日本と大に異なる者あり、隨て彼我の間國躰の差別存するを見る。太古希臘及羅馬に於ては、一市府即一國を成し小なる共和團躰たり。國民の全躰より成る國民會が主權者にして、王といひ政府といふは其一機關たりしなり。後降て日耳曼に於ても、其國家は部落《フォルクシャフト》なる共和團躰にして、其主權は民會にあり、民會は通常春秋の二回に會合す、會員たる者はすべて武器を携ふる能力ある者即丁年以上の男子なり、丁年以上の男子は民會の會員たり、政權に參與すると共に兵士たる職務を有す、議事は主として他の部落に對する宣戰媾和の問題にして、開戰を可決すれば、會員即兵士は直ちに議場を去て戰場に向ふ、民會は即國民軍たり、議長は臨時に設けらるゝ總督なり大將なり。後世殆常置の官となり更に世襲の職となる、今の歐洲の君主と稱する者皆是なり、今の歐洲の國家は皆部落國家より發達したる者にして主權は團躰其者に在り、君主は團躰の支配なりといふ觀念に基いて組織せられたる者なり、故に其國躰は共和國躰なり假令帝といひ王といふも是れ單に政治上の尊號たるのみ、法理上其地位は大統領と稱する者と異なる事なし此等を總稱して國家の元首といふ、政治上の間斷なき運動に備ふる國家の機關たり。我日本の封建時代に於ける將軍幕府は實に此地位に在りし者なり、彼我相對照すれば、愈〻明かなるを得ん。

我日本帝國は萬世一系の天皇之を統治す。此觀念は古も今も異なる事なし、我國家の組織は家族制度に基き、同一の人種が同一の始祖を仰で其威力の下に統一せらるゝといふ觀念に因る。國民が皇統を戴くは我歷史の所傳に於て我皇室は我國民の先祖の直系の血統にして國民の同く戴く所の祖先の代表者たるに由る。而皇位が國民に臨むは祖先に代り祖先の子孫に對して之を統治するなり。皇位は統治權と合躰す。皇位亡べば國家滅ぶ、是我國躰の特質にして、同じく君主と稱するも其歐洲に於けると相同じからず、君主は機關に非ずして統治の主躰たり。

歐洲諸國其他各國概ね共和國躰たり、純然たる君主國躰は地球上一日本帝國あるを知るのみ。

第四章　政躰の種別

政府は統治の方法の名なり國躰の區別さり獨立して存在す

政躰は統治の方法の名にして、何が統治の主躰たるかに關せず、國躰の區別の如何に拘はらずして存する區別なり。彼歐洲諸學者は國躰の差別を認めず、是單に彼の國家の組織を見るに由る。彼に在ては國躰は一にして二あらず、君主を戴くも大統領を仰ぐも、此等は國家團躰の一機關にして、主權は常に團躰其自身に在り、國家が統治の主躰にして國躰は一に共和國躰たり。然れども國法學は歐洲の國法學に非ず、世界各國に通ずる國家の法の學なり、彼の國躰の外別に君主國躰の存する事を認めざる可らず。國躰の區別は政躰の區別と獨立して存在す。兩ら併せ明かなるを得て國家の躰樣愈明白となる。

元首の組織及地位を標準とする政躰の種別

政躰は統治の方法の名なり。統治の方法は如何なる標準によりて區別せらる可きか。其標準種々ある可しと雖、予は今ブライス氏の分類表に基いて其一班を示さんとす。氏は國家の元首の組織及地位を以て其標準となせり。國家の元首とは何ぞ、國家の元首とは國家の施政を統轄するに適當なる機關をいふ。國家統治の主躰は必しも間斷なき活動を爲す者に非ず、而國家の生活は一日も息止する事なし、其利害得喪宜しきに隨て事を視事を處し他の機關の運行を圓滑にする者なくんばあらず、是を以て國家には常に其首長あり、帝といひ王といひ大統領と稱し聯邦參議院と稱するが如き皆是なり。其組織及地位の異なるに隨て統治の方法異なり政躰の種類異なるなり。

大別して二とす、元首一人より成る者を獨任政躰と稱し、數人の合議躰より成る者を合議政躰と稱す、二政躰各々中別して二とす、元首に責任なきを君主政躰と呼びこれあるを共和政躰と呼ぶ、更に細別して立憲專制の二とす立憲政躰とは憲法を有するの意に非ず憲法の有無に關せず、元首が他の機關と權限を頒て統治するの意なり、權限を頒たざるを專制政躰といふ。左に之を表して分類し、各政躰の下括弧して之に屬する著るしき國を擧げ以て讀者一目各政躰に通ずるの便とす。

政躰は政躰たり國躰は國躰たり

政躰
- 獨任政躰
  - 獨任君主政躰
    - 專制獨任君主政躰(支那、露國)
    - 立憲獨任君主政躰(日本、英國、普國)
  - 獨任共和政躰(佛國、北米合衆國)
- 合議政躰
  - 合議君主政躰
    - 專制合議君主政躰(實例なし)
    - 立憲合議君主政躰(獨乙帝國)
  - 合議共和政躰(瑞西、獨乙國内三共和國)

政躰の區別の名目は往々にして國躰の名と一致す。然れとも國躰は國躰たり政躰は政躰たり、二者獨立したる觀念なり。故に一政躰にして國躰を異にするあり、一國躰にして政躰を異にするあり、事實として然り、理論として然るを妨げず。例へば右揭ぐる所の表に於て見る如く、日本も英國も普國も立憲獨任君主政躰なり、政躰の君主的なるは日本も他二國も異なる事なし英國の王も普國の王も

領土は臣民と共に統治の客躰たり

共に國家の元首たり、元首として一人の君主を戴く、故に君主政躰なり、統治の主躰は國家其自身なり、故に國躰は共和國躰にして君主政躰なり。之に反して我日本の天皇は國家の元首たると同時に統治の主躰たり。元首として一人の君主を戴く、故に君主政躰なり、而統治の主躰も亦君主なり、故に君主國躰たり。君主國躰にして君主政躰たるなり。以て國躰政躰の觀念の區別を知るべし。歐洲の國法學者は何れも政躰の區別を認めざるなく、而何れも國躰の種別を認むる者なし、是れ彼等の眼に映ずる國家の組織は皆一樣に共和國躰たるに由るなり、國躰の異同を辯ずるは我國の學者殊に穗積先生の主唱に係る。

第二編　領土

國家の第一要素たる統治權の說明を了へたり、是より第三要素に移らん。

第一章　領土の性質

國家は一定の疆土を有す。領土は國家組織の一要素たり。國家は統治の主躰統統治の客躰及統治の機關の三部より成る。統治の主躰が其客躰に對する關係を統治權といふ統治權は統治の機關に由て行動す。統治の主躰とは權力の存する處、君主國躰に在ては君主にして民主國躰に在ては人民の集合躰なり。統治の機關とは此卷の後編及第二卷に於て述ぶる所の國家の機關なり。殘る所の三要素たる領土及臣民は統治の客躰たり。

統治權と領土との關係の沿革

統治權と領土との關係は近世の國家に於ては領土は統治の客躰たりといふ事に存す之を明かにせんには其沿革的事實に照らすを捷徑とす。

古代の血屬的民族的團躰に於ては其結合の力は人と人との血屬的民族的關係にして土地に對する觀念薄弱に自己の領土といふ觀念なく外國といふ考なし其結果國權は世界的なり之を支那の古代に徵すべし。中世封建時代に於ては經濟上政治上の爭點は常に土地に存し國權即領土權の觀念を生ぜり是れ上古と反對の極端に走りしなり。近世の中央集權時代となるに及びて臣民の國家分子たる事を明かにし仝時に國家と他の團躰とを區別し國家の領土を認むるに至り前二時代の兩極端を連結し主權の客躰は土地及人民なりとの觀念を生じたり。

主權の客體は土地及人民なりといふと雖、是れ國家の權力に國土に對する者と臣民に對する者との二種ありといふに非ず、統治權は唯一にして分つ可らざるなり、唯一不分の統治權がすべて領土及臣民に對す、對する客體を異にす、主體は分割す可らず。獨逸を初め歐米諸學者は此誤謬に陷れり。是れ其沿革的理由のあるあり。日耳曼人種の國體に於ては君主法《ケイニヒスレヒト》の外に普通法《ゲマインレヒト》なる者を認む、普通法は人民を支配するのみならず君主をも併せ支配す。君主貴族及人民は此普通法の下に同等にして、唯各分量の異なる特權を有す。統治權は此等諸種の特權々利の集合なり、唯一不分の權力に非ず、此沿革的理由に基く謬見は、其因襲の久しき、學者毫も之を異まず。國家が領土に對する關係をも、或は最高所有權と稱し或は領土高權と名け、其特權の一たる權利といふ觀念を以て之を論ずるに至れり。統治權は諸種の權利の集合に非ず唯一不分の權力其者なり。國家か領土に對する關係も亦統治權なり、權利に非ず、權力なるなり。唯一の權力が人民にも土地にも對して行はる。

國權の土地に對する關係

一、國家は其領土を自由に處分する事を得

二、領土內の人を絕對に統治す

國權が土地に對する關係は分て二とすべし。其一は國家は其領土を自由に處分する事を得といふ事なり。抑々國內の土地の上には所有權地役權等私法的の權利行はる、然れども此等は國家が法律を設けて此等を認め且保護するに由りて生ず、國家は法律を認る以上は、法律に依るに非れば此等權利を侵すを得ず、又國家は其領土の伸縮變更の爲に法律の規定を設くる事あり、其規定の存する限は之に從て變更せざる可らず。然れども法律其者を存廢するは國權の力なり、故に國家は其領土を自由に處分する事を得とはいふ也。其二は其領土內に於ける總ての人に對して絕對に統治權を及ぼす事を得といふ事なり。其土地が根據となる近世の國家觀念は古代に於ける世界的國權の觀念を容れず、我國といふに對して外國といふ者を認め、一國家の主權は其領土內に於て絕對的に統治權を及ぼし尺寸の地たりとも其住民をして之に服從せしめざる事なし、而之れと同時に外國の領土內に於ける住民は全然之を侵す事なし、外國主權の我領土を侵すを許さず、我主權は彼の領土を侵さず、侵されず侵さず、劃然境域を嚴守す。是れ領土の侵害は土地の侵害に非ず、國權其者の侵害なればなり。但第三篇に於て述べんとするが如く、國權は必しも其領土內の人民を支配せず、領土外に在りて猶其國の臣民として保護を受くる事あり(屬人主義に由る臣民分限の取得)、然れども此等は國家が法を設けて之を命ずる結果にして、法理上當然に然るに非るなり。

以上國權の土地に對する關係を分て二となせり、然れども根本的に領土が國權統治の客躰たるが故に、其結果として二樣の關係あるなり、概括的にいへば、統治の客躰たりといふ事を以て足れりとす、分析的にいふ時は處分權と住民統治權との二樣に區別する事を得るのみ

第二章　領土區域の變更

統治權當然の作用として、國家は自由に領土を處分する事を得、而諸國憲法多くは領土に關して明文を有す、此明文の有無及其規定實質の異同によりて、其變更の事も自ら異ならざるを得ず。

諸國の憲法中領土の區域を明示するあり(獨乙帝國、瑞西、白耳義、葡萄牙、)又は現

領土變更の手續

一、領土に關する明文あるもの

在の區域を以て國家を組織する事を定むるあり(普國)此等の國に於ては領土の變更は即憲法の變更なり。領土を變更せんと欲すれば憲法變更の手續を踐まざる可らず。又は領土の割讓を禁ずるあり(瑞典、那威、獨乙諸邦)此等の國にては領土の割與及交換のみが憲法の變更となる、而其取得に關しては自由に處分し得るなり。

以上二種の明文を有する國に於ては、其變更若くは割與、交換は憲法變更の手續に依る、然れども特別の手續を定めたる時は亦之に依らざる可らず。例へば佛國、普國にては通常の立法手續に依り墺國、以國、葡國等にては議會の同意を須つ。

二、明文を有せざるもの

我國は英國及合衆國と同く憲法の明文を有せず、其版圖を列記せず、故に領土の變更は國の變更にも非ず、憲法の變更にも非ず、故に憲法變更の手續を要せず又特に其手續を定めず、故に元首の專ら決する所に任す。

從來の法律は新領地にも行はるゝや

領土變更の手續は前述の如し。然らば從來の法律は新領地にも行はるゝや否やが問題となる。便宜の爲に之を取得の場合と割讓の場合とに分つ。

一、取得

取得の場合に於て、若し法律の精神か其取得前の版圖に行はるゝに在りしと

二、割讓

せは其法律は新版圖に行はれず。又若し之に反して新版圖にも行はるゝに在りしとせば、其行はるゝに別に法律を要せず。故に兩ら別に立法手續を要せず。次に割讓の場合に於ては、從來の法律は其施行區域を縮少し殊に其區域に於ける特別法は消滅に歸す。是れ統治權の行はれざるに由りて法の行はれざるなり。故に此場合も亦別に立法手續を要せず。領土の變更は國法の施行區域に影響す、然れども憲法の明文なくして當然に立法手續を要する者に非るなり。

第三章　領土變更の國法上の効果

領土區域を變更せし事が國法上に如何なる効果を及ぼすかに就ては、前章の終に一言せり、然れども此問題は我國に於て新に臺灣を取得せしより頗世人の注意を惹くに至りたるを以て、特に本章を設けて少しく詳説せんとす。

割讓の場合

領土を割讓したる場合に於ては其効果は極めて單純なり、他なし、國家は割讓したる地域に於て將來命令權を行ふ事を得ざる事なり。即命令權の範圍の縮少なり、是れ領土及び命令權の性質上當然の結果にして、多く說明を要せざる所也。

取得の場合

之に反して國家か新に領土を取得したる場合に於ては屢疑義の起る事なしとせず、故に此場合に關して特に説明を要するなり。

抑々領土とは國家の命令權の及ぶ區域なり、此觀念に基いて論ずれば、國家内に二種の領土ある可らず、國家が領土を取得したる場合に於ては新領地は從來の領土と共に一躰の領土を組成する事明かなり、然れども領土の取得は單に統治權が其區域に新に行はるゝ事を意味するのみ、未だ統治權が如何なる方法によりて行はる可きかを決定するに非ず、而此は全く國家の意思の定むる所に從ふ、國家は從來の區域と全く同しき制度を布く事も得可く、又全く異なる制度を用ふる事をも得べし。依是觀之、單に領土變更といふ事實のみによりて、之より推論して、從來の領土區域に行はれたる法律施行の範圍は領土の取得によりて當然擴張せられたる者なりといふ事能はず、普通の法律猶然り、殊に憲法が當然新領地に施行せらるゝ事を斷ずる能はず。其施行せらるゝや否やは立法者の意思解釋によりて定まるものなり。之を要するに、新領地の國法上の地位は、領土變更の事實より直ちに推論する事を得るものに非ず、各國の憲法に就て之を論ぜざる可らず、今は特に我國の憲法に就て其新領地に對する關係を論せんとす。

帝國憲法は當然新領土に行はるゝや

我國の憲法に就て疑義を生ずるは、此點に關する明白なる規定を存せざるに因る、其第十四條によれば、統治權は總て憲法の條規に由りて之を行ふ事を要す。故に新領地に於て統治權を行ふにも亦憲法の條規に由る事を要すとの推論を下し得るに似たり、然れども尚熟考する時は未だ必しも然らざるを見る、何となれば統治權はすべて憲法の條規に由る事を要すといふは一の憲法上の法規なり、此法規自體が新領地に行はるゝや否やは問題なり。此問題を先決に付せざるよりは、前の推論が果して當を得たるものか否かを決定するに由なし。此問題を決せんとするも憲法中特に依る可きの條項を見ざるが故に、法規の性質に基いて立法者の意思を推測するの手段によるの外なし。

法規性質上の二種類

抑ゝ法規には性質上國家統治權の及ぶ全區域に對して必一樣ならざる可らざるものと區域によりて必しも一樣なるを要せざるものとの二種あり。全國必一樣なる事を要する法規に就ては、國家は初より新舊領土を通じて劃一に施行するの意思を有せるものと推測する事を得何となれば新舊領土の間に此種の法規に就て異同あるは、此種の法規の性質上有り得可らざる事なり、而國家は不可在を欲する事態はざればなり。之に反して、土地の事情土民の習慣に從ひ一國中地域によりて相異なる事あり得可き法規に就ては、國家は事情の異同を顧みる事なくして全國に劃一の制を布く事を欲したるものに非る事、亦此種の法規の性質上推測する事を得べし、故に假令此種の法規にして特に明示して施行區域を限らざるが爲に從來全國に行はれたるものあらんもこれ立法者が立法の當時に於ける現在の領土の現狀に就て觀察し、全國區々の制を布くの必要を認めざりし結果なり、將來事情の全く同じからざる新領土を取得したる場合に於ても猶從來と全樣に劃一に施行す可き事を豫定したるには非るなり。

新領土に當然施行せらる可きや否やは、其法規の種類如何によりて決定せらる可き問題たり然らば憲法典章は以上二種の法規中其何れに屬するかの問題起る。抑ゝ憲法の典章と他の法規との區別せらるゝは形式の一點にあり、其規定の實躰如何に關するに非ず、如何なる事項たりとも憲法中に定め得可らざるなし、現に普國の憲法法典は公法と共に私法の規定を包有す、是を以て、憲法々典は實質上右二法規中の何種に屬するものなるかを定むる事能はず、而或同一の法律に存する法規にして、其中の或者と或ものとか施行の區域を異にするも毫も妨なし、故に又憲法々典が何れの種類の法規に屬するかを定むるの必要もなきなり。

今憲法中に存在する法規の性質によりて其性質を區別すれば、或法規は全國必一様なる事を要するものありと雖、其大部分は必しも然るを要せざるものなり、統治の主權は一國内一ありて二ある可らず、故に憲法中統治の主權及び其繼承の順序等に關する法規はもとより舊領土と新領土とによりて同じからざるを得ず、反之統治主權が統治する方法に至りては必しも區々に出でざるを要するものに非す、彼にありては司法權は行政官をして行はしめ此にありては裁判所をして行はしむるも可、此にありては立法は國會の協賛を經るを要すとなし、彼に在りては君主の專ら制定する所なりとなすも亦可なり。

之を要するに帝國憲法中には領土の變更と共に當然新領地にも行はるゝ法規と然らざるものとあり、而元首が統治權を行ふに就て其方法手段を制限したる法規はすべて新領地に行はるゝものに非ず、故に元首が新領地に對して統治權を行ふに當りては毫も憲法上の制限を受けざるなり。

第三編　臣民

第一章　臣民の地位

臣民は統治の客躰たり

前編に於て論述せし如く、臣民は領土と共に統治の客躰たり。國權に對する客躰たり、併し臣民は、國家の特權々利の目的物に非す、唯一無限の權力に服從する者なり。我國躰に於ては是甚分明なり、彼日耳曼國躰に在ては近世に於て始めて此觀念を明かにせり。上古の市府團躰に於ては初より此名分明かならざるも而かも人と人との關係として君主臣民の別ありしや疑を存せず。中世封建時代には、公權は土地に對する關係となり、其間接の作用として其土地の上に在る人が地主に服從す、土地は直接に主權の下に在り、人は其土地の上に在りといふ事實に由り間接に主權の勢力を受けしなり。而近世中央集權の時代に至り、初めて臣

臣民を統治する者は必しも君主に非ず

臣民は絕對に當然に國權に服從す

服從は約束又は法律によりて生じ又は限らるゝ者に非ず

民は臣民として直接に主權に服從する者なりといふ觀念を明かにするを得たり。

臣民は唯一絕對の國權に服從す。臣民とは必しも君主と區別するの義に非ず、何人が臣民を統治するかは國權の存する處の異なるによりて異なり。彼共和國、躰に於ては、國權君主に存せず、名稱の帝たり王たるに拘はらず、臣民は之に服從せず、人民の集合躰其者に服從す。人は國家團躰其者として主權者の地位に在り、個人として服從者の地位に在り、服從者を臣民といふ。是れ彼の國躰なり。獨佛の憲法に於ては其主權君主に存せざる事を明言せり。我君主國躰に於ては、國權君主に存す。國權に服從するは即君主に服從するなり。臣民は君主に服從す、君主の特權に服從するに非ず、唯一絕對の權力に服從す。日本は即是なり。

臣民は絕對無限無條件に國權に服從する者なり。國其者の成立要素として當然に服從する者にして約束又は法律に由りて生じ若くは限らるゝ者に非ず。彼のルーソーの民約論は國家の成立に就て根本的謬見に謬れり、國家の成立前に法なし、法なくして法律上有効なる約束ある可きの理なし。又彼の多數歐洲學者は、服從は法律に由りて生じ而法律に依りて限らる、臣民は法律に服從するのみ、と唱ふるあるも、是れ論理の當を得たる者に非ず、絶對に國權に服從せざる臣民か、其國權の制定したる法律に服せざる可らずといふ事なし、臣民は國家に服從す、故に國家の意思に服從す、故に意思の表示したる者あれば之に從ふ、意思其者に服從す、法律の有無は別問題なり。法律あれば法律に從ふ、法律に從ふは國權に服從するなり、法律なしと雖國權には服從せざる可らざるなり。國家が實際上法令の形式を以て其意思を表はすは之を明確に服從者に示す便宜の方法たるに過ぎず。公法の理論に於ては國其者の成立と同時に絶對なる權力關係成立し、箇々の意思表示たる法令は既に存在せる權力關係に基いて生ずる者にして、根本的に一方に絶對の權力者あり他方に無限の服從者あり、權力者の命令なるが故に服從者之に準由すといふの外なし、歐洲諸學者の唱ふる所謂法律説は此本末を誤れり。加之臣民の服從が法律によりて其形式及分量を限定せらるゝは、唯國家が其法律を變更せざる範圍內に於て然るのみ、其國法を變更するも國權の力なり、新法は等しく臣民を束縛す。等しく國權の命ずる所なればなり。國權の命令

絶對の服從ありて人格あり人格ありて權利あり

に服從するは、國權に服從するが故に、其命令に服從するなり。

第二章　臣民の權能

臣民の權能は、臣民の地位を明かにするによりて自ら明かなる事を得べし。臣民は絶對的に服從し、國家は絶對的に權力を有す臣民の權能は服從によりて生ず、換言すれば臣民の人格及權利は國家の權力に由りて生ず。人格とは人の自主生存の目的の存在なり、權利とは人格を完する意思の働なり、共に國家が之を認め且保護するに由りて成立す。換言すれば絶對の服從ありて人格あり人格ありて權利あり、人格と服從とは相容れざる觀念に非ず、權力關係ありて始めて平等權利關係あり、各人は事實上平等に非ず、不平等者をして平等ならしめ平等の權利を享有せしむるは法律の力なり。臣民が絶對的に國權に服從するが故に、國權が臣民に命令して平等ならしむるを得るなり。換言すれば權利は權力の保護に依りて生ず、彼のイエーリング氏が權利は法律の保護する利益なりといふも此意に外ならず。法律とは權力なり、保護とは權力服從關係なり。權力者が無權力者の利益幸福の爲に其權力を行ふ事即無權力者が其利福の爲に權力者に服從する事に由りて生ず。國權が個人に對する關係は形式的には權力なり、實質的には保護なり。全樣の事を二方面より觀察したるなり。

權利は法治國時代の產物也

國權が國民を保護する方法は沿革的に二樣あり。其一は國家自身の公の利益として國民の利益を完する事、譬へば家畜の所有主が自己の利益の爲に家畜を保護するが如き者、專制國時代の行政は之に過ぎず。其二は個人自主の存在を認め其目的利益の爲にする者、此中二種の方法を含む、甲は國權が自ら保護するに止る者、警察國時代の行政は即是にして、人格は初めて生じたれども、未だ國權に對して之を主張するを得ず、隨て權利は認められず、其權利を認むるに至りしは法治國時代にして、國權は個人に與ふるに法律によりて自主の目的を完ふする爲に權利として國權の保護を仰ぐ事を以てしたるなり。於是人格は完全なる者となれり。

公權及私權

權利は概括的なり、學說上之を公私の二に分つ事あり、之を分つ可くんば、公權は公法上の權利なり、公法は權力關係の規則なり。故に公權は權力服從の關係よ

公權

り生ずる權利なり、即服從と保護との結果にて生ずる臣民の權能なり。換言すれば人格を主張する權利なり、即人格より生ずる者なり。

私權は私法上の權利なり、對等關係より生ず、人格を主張する能力に非ず、其能力を行使する上に於ての利不利なり、以上說き來りし所を概括すれば、私權は公權によりて生じ公權は人格によりて生じ人格は絕對服從によりて生ず、臣民の權能は臣民の地位より當然に生ずる者なり。

私權は私法上の利不利なり、故に私權は私法に於て說明す可きものたり。反之、公權は公法上の權利なり、憲法に規定して認められたる臣民人格主張の能力なり、憲法に於て之を認めたるは、普通の法律命令行政官等の爲に臣民の人格を侵さるゝ事なきが爲の保障となしたるなり、憲法に公權を明示したればとて、直に之を以て所謂權利義務とは稱す可らず、權利義務は此保障を侵さゞる範圍內に於て私法の規定に由りて生ずる利不利なり、對等關係より生ずるものなり、公權は之に反して國家と臣民との權力關係より生ず。故に公法の規定する所なり、隨て其說明が國法學の問題となるなり、各國の憲法が公權を認むるの規定大同小

普國憲法上の公權

一、平等

異なり、今歐洲諸國の憲法の標本として普國の憲法を採り之を我帝國憲法に比照して、其一班を伺ふの資となさん。

一、法律上平等なる取扱を享る事。是れ彼の規定する所にして、我憲法の明文の存せざる所たり。前述の如く、事實として各人は腕力、財產、知識等に於て不平等なり、法の規律なくんば弱の肉は强の食となり富者、賢者は貧者、愚者を壓倒し、社會の秩序なからんとす、之を制して社會の秩序を完ふするは法の力なり、事實不平等なる人間は法の前に平等となり、法の規定に從て、互に權利を有し義務を負ひ、其間に權力を以て相臨む事なし、是れ法治國の大原則たり、抑々彼に此規定を存するは、佛國革命以來人權回復自由平等といふが如き政治上の主義が盛に唱道せられたる結果なり、之を憲法の明文に揭げずとも、法治國の成立上初より當然の事たり、故に我國の憲法は之を明記せず、明記せざるは否定したるに非るなり。

二、人身の自由。普國憲法によれば、拘留は一定の形式を踐める裁判官の命令書のみによりて執行せられ、而此命令書は拘留の際又は遲くとも翌日中に送達せられざる可らず。若し時の餘裕あらば犯罪を實行し或は實行の後逃亡する事を畫計するの疑ある時は、裁判官の命令書なくして假りに之を捕縛する事を得べし、然れ共此場合には遲くとも翌日に解放するか若くは管轄の裁判所の檢事に送附す可き爲當日必要なる手續を爲さゞる可らず、其他尚ほ人身保護の爲に警察の公力を用ふる事を得。是れ大に人身の自由を保護したるものなり、然れども此詳細なる規定の欠點とする處は、官吏が違法に假りに拘留處分を爲したる時の責任及權利毀損に伴ふ罰則を規定せざるにあり。我國の憲法は其第廿三條に於て、日本臣民は法律に依るに非ずして逮捕、監禁、審問、處罰を享くる事なしと規定せり。故に逮捕監禁審問すべし、法律規定の場合に限り其條項に從ひ之を行ふ事を得可く、而又法律の正條に依るに非ずして何等の所爲に對しても人身の自由を束縛する事を得ず、斯くの如くにして然後に人身の自由始めて安全なる事を得べきなり。

三、住居文書

三、住居文書の保護。住居及び文書の秘密は侵す可らず、住居に侵入する事、家宅捜索を爲す事並に書簡、文書を差押ふる事は法律に定むる場合に於てのみ一定の形式に從ひ之れを行ふ事を得るのみ。普國憲法第六條の施行規則として發布せられたる一千八百五十年二月十二日法律第二編によれば、職權上の理由又は法律上の委任の外は住居者の意に反して家屋に侵入する事を許さず、夜間住居に侵入する事を禁ず、家宅搜索は唯裁判官或は法廷、警察若くは警察使丁或は地方廳或は警察署の立合に依り法律に定むる場合に於て形式に從てのみ之を行ふ事を得、而可成丈は責問者或は家族を立合はしめて行はざる可らず。憲法第三十三條によれば、郵便に托したる書簡の秘密は警察官廳の侵す可らざる處にして唯刑事裁判所探索の時及び戰爭の場合にのみ立法者は例外の場合を設くる事を得べし。我帝國憲法は第二十二條に於て臣民は法律の範圍内に於て居住及移轉の自由を有する事を規定せり、故に日本臣民たる者は帝國疆内に於て何れの地を問はず定住し借住し寄留し及び營業するの自由あり、而其自由を制限するは必法律に由り行政處分の外に在り、又第二十五條の明文によれば、日本臣民は法律に定めたる場合の外其許諾なくして住所に侵入せられ及び搜索せらるゝ事なし、若し法律に指定したる場合に非ずして及び法律の規程に依らずして臣民の家宅に侵入し又は之を捜索する事あらば、憲法は之を不法と做す、而刑法は其罪を定めたり。又次條に於て、法律に定めたる場合を除く外信書の秘密を侵さるゝ事なしとの規定あり、一に信書といふは郵便に付托したるものに限らざる廣き意味なり。

四、裁判

四、特別裁判を許さゞる事。普國憲法第七條によれば、何人も法律上定められたる裁判官の判決を受くる事を得、特別裁判所及び臨時裁判委員を設くる事を許さずとあり、是れ一方に於ては各人が法定裁判官の判決を受くるの權利を保明し、一方に於ては行政官が權限を踰越して隨意に審問判決する事を禁じ司法權の獨立を保障したるなり。帝國憲法第二十四條に於ても日本臣民は法律に定めたる裁判官の裁判を受くるの權を奪はるゝ事なしと規定せり、全く同一趣意に出るなり。

五、刑罰

五、刑罰は法律に依てのみ執行するを得る事、これ普國憲法第八條の明文なり、故に勅令又は、法律に基かざる官廳若くは一私人の命令に由て刑罰を執行するを得ず、且刑罰を適用するに當りても法律に於て認定せる刑罰の種類のみ

六、所有權

之を用ふる事を得、舊時行はれたる民法上の死亡及び財產沒收等の刑罰の如きは憲法第十條に由りて廢除せられたり。帝國憲法第二十三條にも、日本臣民は法律に依るに非ずして處罰を受くる事なしとあり、彼の中古に行はれたる拷問等の慘刑は全く廢せられ、人身の自由の安固が保障せられたるなり。

六、所有權を奪はれざる事。立憲政體の國に於ては、唯り人民の身體上のみならず、又物件上の權利を保護するものなり、普國憲法第九條及び帝國憲法第二十七條が、所有權の侵されざる事を規定せるは、物件上財產に對する保護なり。如斯所有權の保護を認めたるは二樣の意味あり、一方に於ては國家は他人の違法なる侵害に對し法律及び裁判所を設けて之を保護し、又一方に於ては、自己即自己の機關たる行政官廳等に向て人民の所有權內に總て隨意なる侵害を爲さゞる義務を負はしむ、但例外として公益の爲に已む事を得ざる場合に於ては、國家は其人民の財產の幾分を收用する事を得と認め、國家は其收用せる財產物の代はりに相當の賠償を給するが故に、人民の財產權全體に對しては損害を及ぼす事なし。帝國憲法第二十七條に曰く、公益の爲必要なる處分は法律の定むる所に依ると。

其他我國に於ては、信教の自由、言論著作印行集合及結社の自由、及び請願の權を認む。又白耳義に於ては概普國と全一なる規定を有せり。

右列擧したるが如き公權は、臣民が國家に對して主張するを得る能力にして、憲法の認むる所に由りて生ず、法律の規定に從ひ契約等に由りて生ずる權利義務に非ず、又人間天賦の自由にも非ず、國家の臣民たる分限に隨伴して、國家が認めて之を與へたるによりて得るものなり、臣民分限の得喪によりて公權の得喪あり、於是臣民分限は如何にして取得するものなりや、如何にして喪失するものなりやが各國法律の規定する所となる、次章に於て之を說かんとするなり。

第三章　臣民籍

序說

臣民籍に在る者は、國家が其主權の下に在るものと認めて之を保護す。即臣民分限を有するなり。臣民籍に入るを臣民分限の取得といひ、之を脫するを臣民分限の喪失といふ、取得喪失共に國法の規定する所なり。

第一節　臣民分限の取得

臣民分限取得の原因に二あり、其一は出生にして其二は歸化なり。之を二欵に分て說明す可し。

第一欵　出生

屬人主義及び屬地主義

出生と臣民分限との關係に就ては二主義あり、其一は屬人主義にして其二は屬地主義なり、屬人主義は出生地の何處に在るかを問はず父母の國籍に由りて子の臣民籍を定め、屬地主義は之に反し、父母の國籍如何を論ぜず子の出生地に由りて之を定むる者なり。各國通例其臣民の生める子に對しては屬人主義を採り、父母共に明かならざる場合に限り屬地主義を採る、獨國佛國等皆是なり、英國に於ては稍特別なる制度あり、外國に生れたる英國臣民の曾孫以上は英國臣民に非ず、加之外國に生れたる者に外人分限の宣言を許す。內國に生れたる外人の子に對しては合衆國は屬地主義を採り獨國は屬人主義を、英佛二國は其混合主義を採用す。

屬地、屬人兩主義。各々一得一失あり。單に內國に生れたりといふ一事實に由り、父母共に外人にして外國に居住するの事實あるも、其子を我臣民籍に上ぼすの不條理なると共に、領土內に永く居住して厚き保護を被りながら兵役等の臣民義務を免るゝ者を許すの背理なるは明かなり。此等弊害を避けんが爲に、定住主義を加味するあり。或一定の年月間住居を定めたる外人の子にして領土內に生れたる者を臣民となすの法なり、以太利和蘭之を採用す。佛國に於ても、外人の子にして佛國に生れたる者は丁年に達したる時佛國に居住する者に限り臣民分限を與ふるは、幾分か此主義を加味するなり。

第二欵　歸化

臣民分限取得の原因の第二は歸化なり、本欵に於ては其種類及び効果に就て述ぶる所あるべし。

抑ゝ歸化に廣狹二義あり、廣義に於て歸化とは外人が內國の臣民分限を取得するをいふ。此中二種あり、其一は法律上の歸化なり、其二は任意の歸化なり、狹義に於て歸化といふは專ら後者を指す。

一、法律上歸化

法律上歸化の場合

第一、法律上の歸化とは一定の事實に由りて法律上當然に之を得るものをいふ。一定の事實とは大凡左の如きものなり。

(イ)婚姻。外人の女子にして臣民に婚嫁すれば當然夫の臣民分限を得る事殆各國の通則たり。明治六年百〇三號の布告によれば、外國の女子が日本の男子に嫁せし場合のみならず、外國の男子が日本の女子の婿養子となりし場合にも日本臣民の分限を得る事となれり。

(ロ)認知。私生兒は父の認知によりて父の臣民分限を得。

(ハ)住居。丁抹及び那威に於ては、外人にして領土内に住居を定むる者は、其國の臣民分限を得る事となせり。

(ニ)官職。獨乙帝國に於ては官職に就ける者は、特に外國の臣民分限を喪失せざる事を辭令に明記せる場合の外は、當然歸化したるものとす。

(ホ)他の國家又は團躰の臣民又は公民たるの分限。西班牙に於ては、國内の一地方に於て公民權を得たる者は當然臣民分限を得たる者とす。聯合國家に於ては二主義あり。獨乙帝國及び瑞西に於ては、各國の臣民分限を得たる者は當然聯合國家の臣民分限を得、合衆國に於ては然らず、唯合衆國の臣民分限を得たる者は當然居住所に於て臣民分限を得るのみ。

(二)任意の歸化

第二任意の歸化。これは歸化せんと欲する外人の意思に基き、特別の國家行爲に依りて之を許す者なり。或は白耳義、和蘭の如く立法機關に於て之を許すあり、或は佛國、獨國、墺國等の如く行政機關に於てするあり、或は合衆國の如く司法機關に於てするあり。或は又英國の如く第一第二法を併用するあり。其方法種々あり

方法

と雖、要するに其行爲の性質より論ずる時は行政行爲たり。而公法上の契約の一種たり。國家は全能なり、臣民が之に服從する事を條件とする命令を發する事をも得、國家は歸化を命ず、乍併其意思なき外人に對しては效力なし、效力の完全ならんが爲には、國家の意思と歸化せんとする外人の意思との一致する事を條件とす、此點に於て契約の一種と認むべし、故に公法上の契約なる名稱を付す。契約なりといふと雖、權利關係に非ず、其性質の權力關係たる事は契約といふ名稱の爲に變更せらるゝ事なし。

性質

任意の歸化の條件種々あり、國に依りて亦同しからず、其主なる者を擧ぐれば左

條件

の如し。

(イ)一定の年齢に達したる事(佛、白)又は治産の能力ある事(獨、墺)

(ロ)居住又は滯在の事實及將來居住するの意思ある事(英、佛、合)

(ハ)豫め歸化の意思を宣言する事(合)

(ニ)性行の正しき者なる事(獨、佛、合)

(ホ)自活の資力ある事(獨、墺)

(ヘ)外國の臣民分限を失へる事(瑞典、丁抹)

(ト)忠實の宣誓をなす事(英、合、墺)

條件の効力

此等條件は消極的効力を有するのみ、一定の條件を具へざる者は歸化を許す事なし、而條件に該當する者と雖國家は必之れが歸化を許さゞる可らずといふ事なし。其許否は國家の權力の自由なり、公法上の契約も亦權力行爲の一種としてのみ認む可き者なればなり。

歸化の効果

歸化の効果に關しては諸國の法三種あり、其一は全く歸化人を出生に由る臣民たる者と同一に取扱ふ者、英國及獨國是なり。其二は歸化人の公權を制限する者、佛國及合衆國其例なり。佛國に於ては歸化の後十年間は大統領たる事はもとより、立法議會にも選擧せらるゝ事を得ず、尤此期間は特別の法律を以て一年に短縮する事を得。而合衆國に於ては歸化人は大統領及び副統領に選擧せらるゝ事を得ず、七年を經ざれば下院の議員たる事を得ず、九年を經ざれば上院の議員たる事を得ず。其三は歸化の種類を區別し、其種類に依て歸化の効果を異にするもの是なり。英國、西班牙、白耳義等之に屬す。英國に於ては「デニゼン」は通常の歸化人と異なり、國會議員又は樞密院議員たる事を得ず。

第二節　臣民分限の喪失

序說

臣民分限に就て、其取得に出生、歸化の二原因ありしが如く其喪失にも二原因あり、死亡及脫民籍是なり、脫民籍とは死亡に依るに非ずして臣民分限を喪失するをいふ。前節に於けるが如く、之れが爲に二欵を設く。各欵共に前節の各欵と相對照すべきものたり。

第一欵　死亡

出生に依て臣民分限を得、死亡に依て之を失ふはもとより言を須たず、之を明文に記すの必要なく、又多く說明するの餘地を見ず。

第二款　脫民籍

臣民分限喪失の第二の原因を脫民籍となす。此に本款を設けて其各種類の方法及び其性質に就て述べんとす。

脫民籍の種類

歸化に法律上の歸化と任意の歸化とありしが如く、脫民籍にも亦此二種あり、而脫民籍には歸化と異なり、此二種の外に强制の脫民籍あり、臣民の意思に關はらずして臣民籍を剝奪する者是なり。

(一)法律上の脫民籍事由

第一法律上の脫民籍。其事由となる塲合概左の如し

(イ)外國の男子に婚嫁したる事、但佛國に於ては此例外を認む。

(ロ)私生兒が外國の男子の爲に認知せられたる事(獨)

(ハ)外國に居住し本國に歸る意思なき者なる事(獨、墺)

(ニ)本國政府の命令に反し外國の官職勳章等を受領する事(佛、白)

(ホ)本國政府の許可なくして外國の兵役に就く事(佛、伊)

(へ)任意に外國に歸化する事(英、佛、伊、白、和、那)

(二)任意脱民籍

第二任意の脱民籍。　此は獨乙國法の認むる所、然れども之を認むるが爲に往々にして單に兵役等の臣民義務を免るゝが爲に之を行ふものあるに至る。故に此弊害を避けんが爲に、其許可に制限を設く。

(三)強制脱民籍事由

第三強制の脱民籍。　是亦獨乙國法の認むる所、其事由左の如し

(イ)歸國の命に應ぜざる事、

(ロ)許可なくして外國の官に就職し命に反して退職せざる者、

(ハ)僧侶にして、其僧職並に滯在地に關する制限を守らざる者。

脱民籍の性質

脱民籍は以上三種を包含す。故に其性質は公法上の契約たる者と純然たる權力行爲たる者との二樣あり、概括的に斷言するを得ず、而共に權力行爲にして權利行爲に非るは歸化と同じ、復た多言を要せざる也。

附記、

臣民分限に關する法規は各國共に法律を以て之を定むるを例とす。佛國に於ては千八百八十九年の法律あり、獨乙諸國には帝國の立法に係る千八百

七十年の法律あり、英國の成文法には千八百七十年の歸化法あり、而我國の憲法は其第十八條に於て、日本臣民たるの要件は法律の定むる所に依る事を規定せり、然るに現行法規中臣民分限に關するものは唯一の明治六年第百〇三號布告あるのみ、準據す可き規定最不備を極む。然れども國籍法案は既に案成りて議會に提出せられたり、其確定法文となるに及で、始めて日本の臣民籍に關する規定は完備す可きなり。

再附記、讀者の便益を圖り、臣民分限の取得並に喪失に關する法規を表記す。

表

- 出生
  - 臣民の子孫
    - 屬人主義
      - 外國に生れたる曾孫以下は臣民に非ず(英)
      - 外國出生者が本國に住居を定めざれば臣民となさず(葡及南米諸國)
      - 臣民にして一回も國內に住居せし事なき者は外人とす(米)
    - 變例
      - 住居を定めざる者のにして外國に生れたるものは臣民に非ず(和、丁)
      - 外國の臣民たるものは臣民とせず(那)
      - 外國出生者に外人分限の撰擇を許す(英)
      - 外國出生者に臣民分限の撰擇を許す國もあり
  - 無籍人の子孫及び棄兒
    - 屬地主義
  - 外人の子孫
    - 屬人主義(獨、墺、匈)
    - 屬地主義(合、西、南米諸國)
    - 父子共に國內に生れたるものは臣民とす(佛)
    - 國內に一定の期間住居したる者の子は臣民とす(伊、和)

- 取得
  - 變例
    - 國内出生者にして住居する者は臣民とす(佛、丁、和)
    - 臣民分限喪失者の子には屬地主義を適用す(伊)
    - 國内出生者に外人分限の撰擇權を與ふ(英、佛、伊、葡)
    - 臣民分限喪失者には外人分限の撰擇權を與ふ(佛、伊、伯、希)
    - 國内に生れて住居する者に臣民分限の撰擇權を與ふ(伊、白、和、希)
  - 歸化
    - 法律上
      - 婚姻(例外は丁抹)
      - 認知(明文の有無に關せす)
      - 住居(那、丁)
      - 官職(獨、那)
      - 市町村の公民(西)
      - 他の國家の臣民(聯合國家の場合)
    - 任意
      - 方法
        - 立法機關(白、和、丁)
        - 行政機關(英、佛、獨、墺、匃、葡、那)
        - 立法機關又は行政機關(伊、西)
        - 裁判所(合)
      - 條件
        - 年齡又は治産の能力(佛、白、墺、匃、和、葡)
        - 住居(佛、合、白、那、瑞、葡、希)
        - 豫め歸化の意思を宣言する事(合、希)
        - 性行の正しき事(獨、墺、合、希)
        - 自活の資力(墺、獨、匃、葡)
        - 宣誓(英)
        - 外國と紛議を來す虞なきもの(典)
        - 外國の爵位等を放棄する事(合)
        - 歸化の承諾(白、和)
        - 外國臣民分限の喪失(典、那、丁、和)

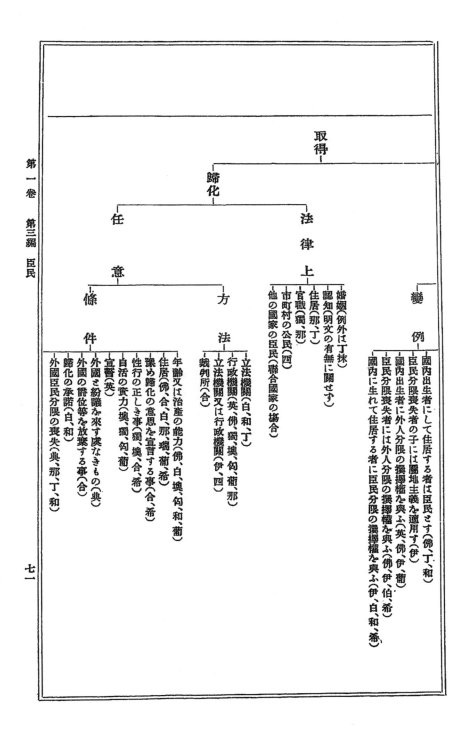

- 正當なる觀念を有する事(匈)
- 或刑に處せられざる事(那)
- 市町村の住民籍又は救助を受くる權を得たる事(匈、那)
- 國家に功勞ある者は條件を輕くす(佛、白、匈、和、葡、希及南米諸邦)
- 妻子のある者又臣民を娶さする者は條件を輕くす(佛、白及南米諸邦)

喪失
- 法律上
  - 婚姻
  - 認知
  - 外國に住居して本國に復歸するの意思なきものと認む可き事實(獨、墺、匈、伊、和、那)
  - 外國の臣民分限を撰擇し又は任意に外國に歸化したる者(佛、白、伊、西、葡、和、那、希)
  - 政府の許可なく又は其命に反して外國の官廳に就きたる等の事實(佛、伊、和、西、葡、希)
  - 本國政府の許可なく外國の兵役に就きたるもの(佛、伊、和)
  - 兵役を脫したるもの(合)
  - 或刑を受けたるもの(葡)
- 任意
  - 兵役を避くる爲めに非る者(獨、匈)
  - 住居を外國に移す事(獨、匈、瑞)
  - 外國の臣民分限を得たる事(瑞、西)
- 剝奪
  - 歸國の命に應ぜざるもの(獨)
  - 許可なくして外國の公務又は兵役に就きたるもの(獨、匈)
  - 僧侶の官職を潛したるもの(獨)

第三節　國法上の牴觸

消極的牴觸

積極的牴觸

牴觸を避くる法

臣民分限の取得及び喪失の原因は前二節に於て略ぼ論述せしが如し、斯の如く臣民分限の取得及喪失に關する諸國の法區々として軌を一にせず、之が爲に彼國の法と我國の法とは往々にして牴觸する事なしとせず、或は無籍の人を生する事あらん、或は一人にして多くの國籍を有する者を生する事あらん。第一の牴觸は消極的なり、彼の國權と我國權との間牴觸するなし、第二は積極的なり、國權の衝突を惹起する事なしとせず、故に各國之を避くるが爲に諸種の法は設く。此牴觸は出生に依て生ずる事あり、例へば獨乙の臣民の子にして英國に生れたる場合の如し、英國は之が爲に外人分限の宣言を許す。又歸化に依て生する事あり、例へば獨逸の臣民が合衆國に歸化せる場合の如し、之れが爲に國際條約を締結するあり(一八六八バンクルフト條約)或は國法に於て規定を設け、外國臣民分限は取得せしを以て臣民分限を喪失する原因となすあり(英、佛)。或は外國臣民分限を喪失せし事を以て歸化の要件となすあり(瑞典、丁抹)

第四編　國家の機關

總論

序說

國家は統治の主躰客躰及機關の三要素より成る、統治の主躰が統治の機關に依て統治の客躰たる土地及人民を統治する也。前三編に於て、主躰客躰の說明を了へたるを以て、今は殘る所の機關に論述すべき順序なりとす。然れども機關に就ては說明す可き事項頗多きが故に、本編に於ては先づ概括的に其性質等を研究するに止め、其機關の構成要素たる各部分に就ては、卷を更めて、更に詳細なる研究を試みんとす。

國家機關の必要

近世の國家は其觀念の一要素として機關を具ふる人の集合躰なり、人の集合躰なりと雖、其各個人獨立分離して生活する者に非ず、協同の目的の下に協同の生存を爲す協同團躰なり、其協同するは機關に依りて連結せらるゝに由る。機關なければ連結協同といふ事なし。社會は個々別々獨立したる衆人に分解す、社會を成さゞる國家は想像し得可らず、機關なき社會國家は不可在なり。是れ國家の社會的觀察に於て、機關を必要とする所以なり。加之事實上の觀察に於ても亦其必要を見るを得べし。何れの國躰に於ても統治主躰が親ら統治すといふ事なし、例へば君主國躰に於て、其立憲政躰たると專制政躰たるとを問はず、君主一人にて事實上政治を爲し得る者に非ず、必や君主が統治權を行ふが爲に機關を設け、機關をして事實上政治の事務を行はしめざる可らず。其機關を設備すといふ點に就ては立憲政躰も專制政躰も異なるを見ず、又君主國躰たると共和國躰たるとを別たざるなり。而之を設備する憲法上の精神に至ては、政躰の異なるに隨て自ら同しからざる者あるを見る。專制政躰に於ては實質上君主の眞實の意思さへあらば、形式上其機關に依るも依らざるも、又其機關に依るの方法は如何なるをも問はずして、絕對に有效なり。事實上其機關に依るは唯便宜の爲にするのみ。反之立憲政躰に於ては一定の統治權の行使は一定の統治機關による事を憲法上の要件とす。啻に事實上の便宜の爲にするのみに非るなり。立憲政躰とは憲法を有するの意に非ず、露國は憲法を有すれども專制政躰たるは何人も疑ふ者なし、又國會制度を有するの意に非ず、大古の小團躰は概ね議會躰の政府を有しき、然れども何人も此等部落國家に立憲政躰ありしとはいはざるなり。立憲政躰は近世史の產物たり、法理上立憲政躰とは憲法上統治機關を設け其權限を憲法にて保障し、一定の國權の作用は必一定の統治機關に依て行はざるを得ずとなす者をいふ。夫故に其機關は憲法上の機關なり、其職司權限を憲法に於て規定し、其變更は憲法其者の變更となる。專制政躰に於て元首が隨意に設備し隨意に廢止するが如き者に非ず。是れ國法學上統治機關の說明が、特に立憲政躰國に重要なる所以なり。

國家機關の性質

機關とは自己の目的の爲に自己の權力を行ふ者に非ずして他人の目的の爲に他人の權力を行ふ者なり、機關に人格なし。統治機關の性質も亦是なり。國家機關は人格者に非ず、隨て權利を有せず、其權利を行ふと見ゆるは、國家が國家の權利をば機關を通して自ら行ふなり。

國家機關の權限

又機關相互の間に權利の關係なし、憲法が與へたる一定の職掌あるのみ。此職掌を侵すは機關の權利の侵害に非ず、憲法の條規を紊る者なり。而此等機關の權利と見ゆる者にして通俗に權利と稱する者と區別す可きは、機關たる自然人が機關たる地位に對して有する權及機關たる地位に由て自然人に屬する權利なり。例へば議會が法律に協賛するは其權限にして權利に非れども、適法の選擧に當撰せる者は議員の地位に對して權利を有し及議員の位置に由て歳費を受くるの權を有す。

國家機關の表示する意思

國家機關は人格者に非ず、意思を有せず。國家機關は國家の目的の爲に國家の意思を表示す、國家機關の表示する意思は機關の意思に非ずして國家の意思なり。夫故に此等の機關が、各權限內に於て意思を表示せし者は、其形式的効力を異にする事あるも其實質的効力に至ては皆同じ。例へば法律の形式にて發布するも命令の形式に於てするも、其臣民と約束すといふ効力に至ては異なる事なし。國家機關の表示する意思は機關の意思に非ずして國家の意思なり。夫故に又一度其權限內に於て表示せし者は反對の意思表示なき間は有効なり、自然人の交迭若くは機關權限の變更廢止は其効力に影響する事なし、國家の意思は國家の存する限存在し、之を廢止變更するには、更に國家の意思に依るの外途なければなり。

國家の機關を分て政府、議會、裁判所の三とす、政府は行政を司り議會は立法を司り裁判所は司法を司る。次卷に於て此三機關に就き説明する所あらんとす。

（第一卷終）

第二巻　國家機關（各論）

序說　立憲政體の特質

國家の三機關

政府とは行政を總攬する國家の機關なり。議會は立法の府にして、裁判所は司法の機關なり。國家の三機關相互に職司を守り、侵さず、侵されず、此職掌の範圍は憲法の定むる所にして、之を職權といひ或は權限といふ。權力を有するに非ず、權力は國家の權力なり、權利あるに非ず、機關は人格を有せず、其目的は國家自己の目的にして機關自主の目的なる者なければなり。之を職權といひ權限といふは、職司の不可侵狀態を形容して名くるのみ。斯くの如く三機關各一定の職司を守るは、近世立憲政體の特質たり。此意味に於て三權分立論を解する時は、其必しも誤謬に非るを發見すべし。

三權分立論

國家の力を分て立法、司法及行政の三者となしゝは蓋希臘のアリストートルに始る。近代に至り英國のロックは立法權に對して執行、外交の二權力を認め、立法權は人民のもとより有する所、他の二權は之を王に委ねて行はしむべしとなせり。モンテスキユウは此アリストートル以來の三權力說に三政躰說を利用し、國家の力を分て對等なる執行、立法二權となし、前者は之を王に委ね、後者は之を貴族及人民に與ふべしとなせり。其國家の力を分て立法、司法、行政の三者となししはルーソー等後人の力なり。モンテスキユウ說の目的とする所は治者の專橫に對して人民の自由を保護し、善良なる法律の下に行政、司法の公平を保たんとする事に在り。彼曰く、若し同一の人又は同一の團躰が立法權と行政權とを併有せんには自由は存在せず、何となれば同一の君主又は同一の議會は專橫なる執行を爲さんが爲に專橫なる法律を定むるの虞あればなり、又た司法權が立法權又は行政權より分離せざれば自由は存在せず、二權を併有すれば裁判官は同時に立法者たらば人民の生命財產危し、又若し裁判官同時に行政官たらば其壓制甚しきものあらん、之に反して三權分立の制度を採用する國家は善良なる法律を有つ事を得ん、何となれは國民の全部が其成立に參同すればなり、加之行政及司法の公平なる事を得ん、何となれば各機關は單に委任を受けたる事件の執行に止り、大本の法則を破る事を得ざればなり、と。

批難

此說たる政治上の意味に於ては最有益なる者なるべし、實際の歷史上此說が佛國大革命を惹起す一大動機となり、近世立憲政體の鎖鑰を開きし事實は蔽ふ可らず、然れども法理上種々の點に於て批難を免れざるを奈何せん。其最有力なる批難は、此說が國權の統一を害すといふ事に在り。若し國の權力其者を分て三となさんか、是れ國家を三分する者也。國權は一にして分割す可らず、絕對唯一にして二三ある可らず、是れ國家根本の觀念にして國法學根底の大前提たり。所謂三權は獨立の權力に非ず、權力は一なり三ある可らず、一の權力より發する三種の作用なり。加之所謂三權は對等に非すして立法の下に他の二作用が從屬するなり。然らすんば對等なる三機關の間相互の牴觸を避くるの途なし。此說は元來の意味に於ては排斥す可き者なり。然れども之を現今の國法學上正當なる意味に解釋する時は立憲政體の觀念を說明する者となる。

立憲政體

立憲政體とは憲法を以て議會、政府、裁判所の三つの統治機關を設け、又統治權の作用を立法、司法、行政に區別し、各其統治機關をして各一部の國權の作用を司らしむる者をいふ。

專制政體

專制政體に於ては斯くの如き機關の職掌に就て形式を一定せず、政府の首長たる元首が隨意に之を廢立し、自ら總ての立法、行政、司法を總攬する事を得、故に此種の諸國に於ては國法上嚴格なる意義に於て統治の機關と見る可きは一政府あるのみ、其他の諸機關に至ては、もと是れ國家の機關に非ず、憲法上の統治機關に非ずして元首の機關たるのみ、故に國法上の見解としては一元首を認むるのみ、是れ國家機關の說明が立憲政躰に偏重なる所以なり。

第一編　政府

序說

政府は議會、裁判所と共に國家統治機關の一たり、政府とは槪括的の名目にして、此中君主國の元首即君主、民主國の元首即大統領及聯邦參議院、國務大臣及攝政、監國等を含む。統治機關の組織を論ぜんと欲せば、此等各部の機關に亘りて硏究する事を必要とす。

第一章　君主

序說　君主の意義

君主の二義

君主に二義あり、名目一にして其實は則二あり。君主國なる一名目の下に君主國躰國並に君主政躰國を含むも亦同じ。君主國躰とは共和國躰と區別し、人民の集合躰を以て統治權の所在と認る國躰に反し、唯一の君主を統治の主權者と認むる國躰を指していふ名なり、此意味に於て君主といふ時は君主即國家なり、統治權なり、君主は統治權と合躰す。之に反して君主政躰とは共和政躰と區別し、政府の首長たる元首に法律上の責任ありとなす政躰と異なり、元首を以て無答責の地位に在る者と爲す政躰を指していふ名なり此意味に於て君主といふ時は、君主政躰國の政府の首長たる君主を意味す、君主は主權者に非ず、主權行使の一機關たる地位に在り。此卷に於ては國家機關の組織を論ず、故に玆に君主といふはすべて君主政躰國の元首たる君主を指していふ。

我國の君主

玆に所謂君主とは元首たる君主なり。統治主權の本躰たる君主に非ず、然れども其君位繼承の順序、資格等に至ては、元首たる君主も主權者たる君主も異なる事なし、是れ君主國躰にして君主政躰を有する事我日本帝國の如き國に在ては、

君主は元首たり

主權者たる君主は同時に元首たる君主なり、偶然に憲法の結果として同一の君主が元首たる地位をも占む、現今の憲法に於て事實上合一するのみ、猶國務大臣の場合の如し、國務大臣は憲法上の統治機關たり、官制上同時に行政長官たり、事實上合一する偶然の現象たるのみ、法理上素とより劃然たる區別あり、統治權の本體たる君主の地位と單に一元首たる君主の地位とは決して混同す可らざるなり。然れども此偶然の事實として一身に兩地位が兼備するを以て、元首たる君位の繼承は、同時に主權者たる君位の繼承となる、是れ我君主國體國の他と特絕なる所以の一なり。諸外國に於て君主の名を有し、帝といひ王といふ、單に元首たる一地位を有するのみ。故に君主に就ての法理上の研究も單に國家機關としての觀察に止るなり。此區別を明かにするは國體論政體論の論理を一貫するなり。

第一節　君主の地位

君主の地位に兩樣あり、然れども國家機關の一としては元首たる外に地位を有する事なし、君主は君主政體國の元首たり、是れ極めて簡單にして說明を要せざるが如し、唯立法府たる議會に於て議決したる法律を裁可するが如き他の機關の行動に干與する事あるを以て、其地位に就て諸學者の見解種々異なるの結果を致せり、隨て之に關する誤解なきを保せず、故に少しく此點に關して辨明を要するなり。

憲法を以て三統治機關を設け、政府は行政を掌り、議會、裁判所は立法、司法を分擔す。是れ近世立憲政躰の主義にして、專制政躰と相分るゝ特質も亦此に存す。大躰に於て三機能分割し、三機關獨立し相侵さず相紊れず、是れ立憲政躰の立憲政躰たる所以なり。然れども三機關全く獨立し全く對等ならんか、機關相互の牴觸するなきを期せず、抵觸す、何者か之れを調和すへき。且や國家の活動は一日も休止すべからずして其の顯象は千變し萬化す、機關の之れに應じて緩急事に處するの暇なきを保せず、若し宜きを得ざる、何者か之れを處置すべき。加之對等獨立なる機關の對等獨立なる運動は、之れを統一し主宰する者なくんば、終に其の機關としての効用を完ふするに難からんとす。之れを譬ふ、人身に耳目手足あり、耳は音を聽くべく目は色を視るべく、手は以て物を把るに足り脚は以て歩を運はすに足る、然れども之を主宰し統一する頭腦の存するなくんば、一脚は進まんと

元首は行政府たると全時に總攬者たり

し一脚は退かんとするが如き牴觸を生じ、耳は音響を容るゝも之を達するに者なく、目は色彩を分つも之を傳ふるに者なきが如き不具の狀態を生ぜんなり。國家機關に至て亦同じ、之を主宰し統一する者なくんばあらず。國家の元首は最之に適當なる機關たり、於是元首は其本來の職掌たる行政の外、國家機能を總攬し主宰し監視し調和し統一するの職掌を兼ぬ。行政府たると同時に總攬者たり、總攬者として立法府の權限に干與する事を得るなり。總攬者として諸機能を統一するには、元首が統一するに非ず國家が統一するなり、唯之に最適當なる機關たるが故に元首が事實上之に代るのみ、事實上の便宜に基き憲法上元首が行政府たると同時に總攬者たり、故に元首の職掌が啻に行政の事のみならず、立法等に及ぶの結果を效せり。立憲政躰本來の主義と便宜上の法制とを區別して見るべし。

君主政躰國に於て君主といふは元首の地位に在る者を指す、是れ前段に詳論せし所なり。然ども共和政躰國の大統領も亦元首たる地位に在り、君主と大統領とは何れの點に於て區別すべきか、之を明かにせざるよりは、君主共和兩政躰の

君主は無答責なり

區別曖昧にして、君主の地位も不分明なるは免れず、故に之を區別するの必要あり之を區別するの要點は君主が無答責の身分を有すといふ事に存す。君主國の憲法は或は君主は神聖なりといひ、或は侵す可らずといひ。或は責に任せすといふが如き明文を存せざるなし、皆君主が其行爲に就て責に任ずる事なきをいふ。司法は君主の行ふ所或は君主の名を以て行ふ者にして、君主をして責に任せしむるには自ら處罰せしむる者なればなり。但民事の訴訟に就ては、我國の外皆君主を相手取る事を許す、是れ民事訴訟は唯權利の所在を明かにする事を目的とするのみにして、權力を以て相臨むの關係に非るが故なり。而我國の之をしも認めざるは是れ我國躰の特質にして、君主は元首たる地位の外に主權者たる地位を有するに由る、主權者と被治者との關係は權力關係にして權利關係に非ず、主權に對する訴訟なる觀念は不可在なり。

以上說き來りし所を一括すれば、君主は無答責なる元首なり、是れ君主の國法上に於ける地位にして、以て有責なる元首たる大統領と區別す可く、隨て君主政躰と共和政躰とを區別するの標準となすに足る。

君主の地位に隨伴する權利
榮譽權
財產權

君主は無答責なる元首なり。此本來の地位に伴ひて君主は又諸種の權利を有す。榮譽權及財產權是なり。榮譽權とは特別の稱號を用ひ記章を佩帶するの特權及內廷を組織するの特權等をいふ、皆私人の潛越するを許さず。財產權とは內廷の費用を辨するが爲に國庫より每年一定の金額を支出せしむる事なり、之を皇室費と稱す。皇室費の收入支出は國會の容喙を許さず。皇室の內事に屬し國家の財政に關せざるを以てなり。此等の權利は君主の地位に隨伴する者なるが故に、君位繼承と共に當然に新君主に移る。君位繼承の事は後節に說明すべし。

第二節　君位繼承

第一欵　君位繼承の性質

君位繼承の必要

國法に從て一定の條件に該當する一個人は君主なるの地位に對して權利を有す、之を君位繼承權と稱し、之を定むる法を君位繼承法といふ。國家は永遠に存續す、其要素の一たる機關も亦永續せざる可らず。殊に君主政躰國に於ては其政躰を變更せざる以上は君位の無窮なるを期する者なり、而之を組織する自然人

君位繼承權は公權なり

は自然の法則の支配を免るゝ事能はざるを以て其命數自ら限あり、是に於て君位繼承の必要を生じ、隨て之を規定する繼承法が生ずるなり。特に我君主政躰に於ては、君主は機關たると同時に主權者たり、君位亡べば國躰無し、國躰なければ國家なし、新なる國躰を生ずれば、國家は舊の國家に非ずして新なる國家となる、君位の存續は國家の命脉に繫る、是れ我君主國躰に於ては特に君位繼承の事を重しとする所以なり。

統治權が所有權と分離せざりし公法私法混淆時代に於ては、君位繼承は家督相續と誤認せられ、隨て皇室內の自主權に基く私法の範圍に屬する者となせり。然れども近世法理學の發達と共に、公法私法の兩觀念分離するに至りて、家督相續の私法に規定せらるべき者たるに反し、君位繼承は國家機關の組織存續に關し隨て統治權の行使に關する事重大なる者なるを以て、家督相續と同列に私法に入る可き性質の者に非ず、當さに國家權力關係の規定たる公法の範圍に屬すべき者なり、といふ事を明かにする事を得たりしなり。是に於て君主の地位に對する權利は私法上の權利に非ずして公法上の權利となれり、私權に非ずして公權なるなり。故に之を拋棄する事を得るは和蘭の如き憲法の明文を須つ者にして、其他私法的に隨意に處分する事を得ざる者なり。又私權に非るが故に、新君主の君位に對する繼承權は之を前代の君主より受くるに非ず、公法上の權利たり。憲法等の國法が一定の條件を設けて之に該當する者を命じて機關の地位に在らしむ、之に該當する者は國法上當然君位に在り、前君主との間何等法律上の關係なし、相續契約等の關係によりて之を得たるに非る也。

第二欵　君位繼承の資格

君位繼承權は君位繼承の資格と君位繼承の順序とによりて定まる。一定の條件を充たす能力者にして先づ繼承す可き順位に在る者が當然即位す。

繼承資格の成立條件

君位繼承の能力たる條件は各國國法の定むる所精粗一ならず、今其主たる條件を列擧して少しく説明を加ふるに止めんとす、

一、始祖血緣の後裔

(一)始祖血緣の後裔たる事。　世襲君主國に於ては之を以て繼承の要件となさゝるなし、此條件は二要素を含む、第一には始祖の後裔に限る事なり。故に始祖の兄弟伯叔等の子孫は繼承の資格なし、第二には血緣の後裔に限る事なり。故に

民法上の制度たる養子に此資格なし、歴史上事實として皇室内に於ても養子といふ事なきに非ず、然れども此養子たるや其實血緣の關係を有する者なり、未だ全く血緣の關係なき者を法律の擬制によりて實子に準ずるといふ事なし、これあるは近時の發達したる私法民法的の觀念なり、私法の觀念を以て公法の關係に推及するを得ざるは、數次辯明したるが如し。

英國に於ては、千七百年以來「ハノーヴァ」家を以て王統となす事に決定せり、故に國王は其王家の始祖の後裔たる者に限る。普國に於ては撰公フリードリヒ一世を以て始祖となす。大日本帝國は萬世一系の天皇之を統治す、是れ皇祖血緣の後裔たる事を要件とするの意に外ならず。一系といふ語は苟且に解す可らざるなり。

二、男系の男子

(二)男系の男子たる事。　抑親屬關係の發達上兩制度あり、曚昧の世家族は主として女系統の制度にして、家族の主位に在るは女なり、母によりて血統を論ず、母を同うする者を同一の家族親屬と看做すなり。發達したる社會に於ては之に反し男系統の制度行はる、父に依りて血統を論ずるなり。今日一般に採用する所は後者にして、前者は唯我國に於て例外として認むるのみ。

女子及女系の男子にも繼承權を與ふる國

我國及普國に於ては男系の男子の外は全く繼承の資格なき者とす、故に女子は勿論女系の男子も繼承するを得ず、之に反して女子及女系の男子にも繼承の權能を與ふるにあり。英國の如きは同系内に於て男子を女子より先きにす、墺國の如きは男系の全く絕えたる場合に女系を採る。順位は異なりと雖、男系の男子に限らざるに至ては一なり。

三、嫡出子孫

(三)嫡出の子孫たる可き事。　歐洲諸國に於ては嫡出の子にして其父祖も亦嫡出なる事を以て君位繼承の要件となす、認知によりて嫡出となすは民法上の制度にして直ちに之を公法上の關係に適用す可らず、故に皇后の子に非れば君位を繼承するを得ず。我國は之に反し、皇庶子孫も亦皇位を繼承する事を得、但其順位の先後あるのみ。

四、敕許を得たる結婚

(四)家法に依て認可を得たる結婚に依りて生れたる者なる可き事。　歐洲諸國中普國に於ては皇族の婚嫁は總て敕許を要す、是れ我國と同じき點なり。而敕許を得ざる結婚によりて生れたる子孫は庶出にして、普國は之に繼承の權を認めざるに反し、我國の之を認むるは前述の如し。

英國に於ては尙一の變例を認む、滿二十五歲にして一年前に樞密院に通知して行ひし結婚によりて生れたる子孫は、其結婚を國王が聽許せざるも、國會が非認せざる限りは、繼承の權あるものとす。

其他或は國會の承認を要するあり或は特別の法律を要するあり。

五、對等の結婚

(五)對等の結婚に依て生れたる事。 對等の結婚は歐洲數多の國の思想なり、殊に獨乙諸國に於ては、現に諸國を統治する所の君主の家族又は曾て統治せし家族との結婚を對等の結婚と稱し、之を以て君位繼承の要件とす、故に對等に非る所謂身分違ひの結婚に依りて生れたる子孫は繼承の權なし。我皇室典範の規定に依れば、特に認許を與へられざる華族又は士族平民との結婚は無効たり、然れども我國は皇庶子孫にも繼承の權を認むるを以て、必ずしも對等の結婚たる事を要件とするに非ず。

其他の條件

其他一二の國は特別なる明文を設けて特別なる要件を定む、或は英國の如く羅馬敎の信者又は其信者と結婚したる者を排斥するあり、如斯きは彼所謂宗敎戰爭の餘孽たるに過ぎず。或は普國又は和蘭の如く現に外國に君主たる者は其位を讓るか又は國會が之を承認する場合の外繼承の資格なしとなすあり、特別の憲法の規定の結果たり。何れも通則として說明す可き程のものにあらず、殊に我國には見えざるものなり。

第三欵　君位繼承の順序

前欵に於て、君位を繼承する能力を述べたり、此能力を有するものゝ中に於て何人が先づ繼承するかを定めざる可らず、是れ本欵の問題たり。

繼承の順序を定むる必要

前欵述ぶる所の種々の條件に該當する者は、一國內必しも一人に限る可らず、皇族の中君位繼承の資格を有する者同時に二人以上ある事あり。然れども國土分配は中世獨乙に行はれし事實にして、近代の國家の觀念に反す。同時に二人以上の君主ある可らず、二人以上の元首を生ずれば政體は一變して合議政體となり、君主は君主たる特質を失ふ事となる。特に我國體に於ける君主の觀念と相容れざるは復た言を須たず。是を以て數多の資格を有する者の中に就き一人の繼承者を定むるの方法なくんばあらず、是れ君位繼承の順序が、君位繼承の資格と共に兩ら必要なる所以なり。

繼承の順序を定むる諸法の中、一般に行はるゝ者を長系繼承法となす。概言すれば繼承の權は最近の長系に屬するなり。更に分析的に換言すれば、繼承の順序は前代の君主に對する關係の遠近に依て之を定む、同等內に於ては長は幼に先ちて繼承す、最初繼承する權ある者君主に先ちて沒したる時は其子孫は代表の權により父祖と同一の地位に立つ者なり。

此法の行はるゝ狀態は、各國が繼承資格の規定を異にするに由りて自ら同しからざる者あり、今之を分類法に從て説明せんか。

第(一)男系の男子たる事を要件とする國の中、(甲)我國の如く庶子にも資格を與ふる國に於ては、嫡庶の間に順序の先後を定め、同等親に於ける庶系は嫡系に譲らざる可らずとなせり。

(乙)普國の如く庶子を排斥する國に於ては、此決定を爲すの必要もなく其法極めて單純に行はる、

第(二)男系の男子たる事を要件と爲ざる國の中、(甲)英國の如く同等の系に於て

最近親繼承法

のみ男子を女子より先きにする國に於ては、前代の君主に對する關係の近き女系は男系に先ちて繼承す、而遠き若くは同等なる者は男系に讓る。

(乙)男系全く絕えたる塲合に女系を採る國に於ては、其女系中に就て順序を定むるに當り、或はザクゼン等の如く最近親繼承法を採るあり、此法は前代の君主に對して血緣の最近き者を繼承者となし同等なる者は年の長幼に依て決するなり。又或は墺國等の如く男系と仝一の方法即長系繼承法を採用するあり。

第四欵　特別の繼承

諸國の憲法が、君位繼承の法を規定するは概始祖の後裔の存續を前定したるものなり、然れども人事は自然法の支配する所たり、始祖の後裔全く絕ゆる事なしとせず、此塲合はすでに通常の繼承法に由る可らず、故に特別の繼承と名く。和蘭西班牙等に於ては憲法に於て豫め他の系統を指定す、獨乙諸國に於ては所謂繼承契約なるものあり、此は一國の君主の家と他の家との間に於て一家の系統絕えたる塲合に君位が他家に移る事を約束する事なり。此等憲法の指定又は繼承

即位は國治上當然の結果也

國王は死する事なし

契約に依て繼承の權を有する者なく、又は既に斷絕したる時はウユルテムペルグの憲法の明記せるが如く、憲法變更と仝一の手續によりて更に規定を設くるの外なし、而君主崩御の後に至ては此手續にも依る能はず、故に白耳義、和蘭、西班牙、丁抹等の國に於ては、王統斷絕の場合に關して特別の規定を設け、國會に王統を選ぶの權を與ふ。是等特別の方法を設くるは其意君主政躰の保續を期するに在り。

第五欵　即位

君位繼承法により、既に君位繼承の資格ある者の中に就き、先づ繼承すべき皇嗣が定まれる場合には、其皇嗣は君主の崩御等と共に當然位に即く者なり、國法上當然の結果にして、特別なる行爲を要する事なし、固より私法上の相續若くは授受の關係あるに非ず。夫の英國に於て國王は死する事なしといひ、佛國に於て國王は永く生存すといひ、我皇室典範に於て天皇崩ずる時は皇嗣即ち踐祚し云々といふ。皆此觀念を明かにする者なり。

君主崩御したる場合に繼承者明かならざりし時と雖、一旦繼承者確定するに及びては崩御の時に遡て直ちに繼承したる者となす。君位は國家の統治機關たり、國家は一日も機關なかる可らず、故に此場合に於ても國王は死する事なしとの原則が適用せらる、法理上當然の事なり。

即位式の効力

法理上君主は直ちに踐祚する者なり、君主の崩御と同時に皇嗣は當然に君主たる者にして、前後の君主は法理の推測により同一の人たり。事實上踐祚即位式を行ふ事あり、此等禮式は新に即位せし事を公にする儀式にして、位に即くの原因に非ず、即位式によりて始めて君主たるに非ず、君主が此式を行ふなり、皇嗣が此式を行て而君主たるには非るなり。

宣誓の効力

君主が即位せし後憲法を確守するの宣誓及宗教に關する誓をなす事は、汎く歐洲諸國に行はるゝ慣例たり。然れども君主は憲法上生死する事なし、憲法の見る所は君主に非ずして君位なり。故に事實上君主其人を更むると雖國法は之が為に効力を増減せず、憲法遵由の宣誓は法理上無用の事なり、唯德義上之に遵由するの意思を詔勅を以て一般に公にするに過ぎず、故に宣誓をなさゝる間も又宣誓を拒絶せし時も君主の地位に影響する事なし、但白耳義等一二の國の憲法の如く特別の規定ある時は、宣誓をなすまで政務を行ふを得ざる事あるのみ。

結論

君位繼承に關する以上數欵の説明を概括的に一言すれば、君位繼承の資格順序共に國法の一定する所にして、問題の起るが毎に之を決定するものに非ず、一定の條件を充たす者は初より能力者たり、能力者にして先づ繼承す可き順位に在る者は、一君主の崩御等君位喪失の原因起ると同時に君位に在り、君位喪失の原因如何、是れ次欵の問題たり。

第六欵　君位喪失の原因

一君主が君位を喪失すると同時に皇嗣は當然に君位に即く、君位喪失の原因概次の如し。

崩御

(一)崩御。これもとより言を須たずして明かなり、各國皆君主の崩御を以て君位喪失の原因と爲す。我皇室典範に於ては、之を以て唯一の原因となし、此他に君位喪失の原因なるものを認めず。

讓位

(二)讓位。こは歐洲諸國の學説並に實例の認むる所にして、和蘭の憲法の如きは特に明文を有す。

繼承資格喪失

(三)君位繼承に必要なる條件を欠くに至りし事。君位繼承の要件を定めたる以上は之を欠くによりて既に得たる權利を喪失する事もとより然り。

其他の原因

其他憲法に於て特別なる事項を揭ぐる國あり、葡萄牙は國會の承認なくして三月以上外國に留る事、和蘭は法律の承認なき女王の結婚を擧げたり。

第三節　君主の大權

大權の意義

君主が元首として國家の權力を行ふ範圍を君主の大權と稱す。專制政躰に於ては事實上諸種の官吏をして行はしむる政務と自ら行動する政務と其範圍を異にす、事實上の區劃あるのみ、而此分界は君主の隨意隨時に變更し得る所なり。而立憲政躰に於ては之に反し、憲法上他の機關の參與を須たず、自己の權限として與へられ、親裁して行ふ所の政務の範圍なり、此權限を變更するは憲法の變更に依らざる可らず、故に之を稱して憲法上の大權とも稱する事を得。

統治權との別

君主の大權の實質的範圍は、各國憲法上の問題にして、其規定する所に依て論ぜざる可らず、今一々概括的に列擧し難し、併し單に行政の範圍に止まらず、立法司法に及び、統治權の作用の全般に亘らざる事罕なり、而統治權と區別すべきは

君主國躰と大權の觀念

統治權は權力にして國家に屬し、大權は權力行動の一形式にして機關たる君主に屬する事に在り。

此點に於ても亦君主國躰に於ける特別なる觀念を忘却すべからず、君主は統治の主躰たり、統治の主躰としては全能にして爲し得ざる事なし、憲法上大權の範圍を定むるは其性質と相容れざるに似たり、然れども君主が全能なるが故に自ら親裁する政務の範圍を憲法にて定むる事を得るなり、統治の主躰たるが故に自ら憲法上の大權を行ふ事を得、又他の機關を設けて他の權限を行はしむる事を得るなり、此大權を行ふに就ての地位が元首たり機關たる地位なり、相容れざる觀念に非ず。帝國憲法第一條に大日本帝國は萬世一系の天皇之を統治すとあるは、統治の主躰たるを明かにするなり。第四條に天皇は國の元首にして統治權を總攬し此憲法の條規に依りて之を行ふとあるは第一條と牴觸せず、却て兩條相須て益其意義を發揮する者なり。天皇は統治の主躰たり、而憲法の條規によりて統治權を行ふ上に於て元首たり、元首とは統治權を總攬するの義なり、總攬すとは總ての政務を親裁するの意に非ず、唯或政務を親裁し以て三作用の統合をなすの意なり。或政務とは第五條第六條以下明文を以て規定する者、此等は國家の各機能を論するの編に於て說明するを順序とす。故に玆には之を省畧す。

第二章　攝政

序說

君主の地位は君位繼承法に依て一定す、假令事實上皇嗣若くは君主に或故障ありて大權を行ふ事能はざる場合に於ても、皇嗣は即位せざる事なく、又君主は位を喪ふ事なし、而國家の運行は一日たりとも休止す可らず、故に事實上君主に代りて大權を行ふものなくんばあらず、之を攝政といふ。攝政に就ては論述す可き點頗多し、攝政とは如何なるものなりや、故障を有する君主とは如何なる關係ありや、攝政を置くの場合は如何、而攝政は如何なる資格を有するものが如何なる順序に從て其位に即くものなりや、其位に有る間如何なる權利を有するや、如何にして其位を喪ふものなりや、是等皆重要なる問題なりとす、本章は此等各問題に關し節を分ち欵を設けて聊か論述する所あらんとす。

第一節　攝政の地位

攝政を置くの必要

君主政躰は獨任政躰たり、一人の元首を戴く事を特質とす。君位は必特定の一人が繼承す、二人以上同時に君位に在る事なし、然れども事實上君主が幼稚なる時其他已むを得ざる故障に由りて大權を親裁する克はざる場合に於ては、事實上其能力を補充する者ある事を必要とす、此事實上の必要により皇室内部の規定として設けられたる制度が攝政なり、憲法上唯一の君位あるを見るを以て足れり、法理上攝政の行爲は即君主の行爲たり、君主と攝政との間に法理上の關係なし、攝政は君位と合躰す。唯事實上攝政が君主に代りて事を行ふのみ。

攝政の地位

攝政は君位と合躰す。攝政が國家の政務を行ふは即君主が自己の權限即大權を行ふ者なり、君主の行爲の外に攝政の行爲なる者なく、君主の行爲は攝政の行爲の爲に制限せらるゝ事なし、憲法上君主の地位を害する事なし、單に君主の地位を合躰す。故に攝政は君主と同じく機關たり、元首たり、無答責なり、其他に特に

攝政の地位に伴ふ權利

攝政の地位に伴ふ特權ある事なし、攝政の元首たり無答責なるは君主が無答責なる元首たるなり。

攝政ト君主トノ關係

攝政は事實上已むを得ざる故障あるに當りて之を置く、故に其原因を成す故障の存續する間に限り其位に在る者にして、故障の解除と共に其地位を喪失する者なり、此等故障に就ては後に特に一節を設けて之を說明すべし。

攝政ハ君主ノ委任ニ由ルモノニ非ズ

攝政と君主との間に法律上の關係なし、攝政は天皇の名に於て大權を行ふ(帝國憲法第十七條)、憲法上當然大權を行ふ者にして君主の委任に由るに非ず、君主の名に於てすとは君主の委任を受け之に代りて事を行ふに非ず、前述の如く攝政の行爲に非ずして君主の行爲たる事を明かにするなり。攝政を置くに當りて各國の場合に其必要の有無を決定するは、憲法上攝政を要するの場合存在せるか否かを定むる者にして、苟くも其場合の存在せる以上は必之を置かざる可らず、憲法上當然の制度たり、委任の如く委任者の意思に依て之れが設備の有無を決定するとなく、君主の意思に從て行動するを要せず、攝政の意思は君主の意思にして其行爲亦君主の行爲たり。攝政は又委任の如く特に委任せられたる範圍に限らず憲法上當然君主の大權に屬する一切の政務を行ふ事を得、但或國の憲法に於て特に明文を以て制限を付する者は此限に非ず、帝國憲法第七十五條が

攝政は後見人に非ず

憲法及皇室典範の變更を禁ずるが如き其一例たり、此等多くは政治上の理由に基く制限にして法理上何の解釋すべき點あるを見ず。之を要するに攝政は君主の委任に由るに非ず、委任に由る政務代理人は別に監國と稱する者あり、後章の說明を須て其區別を明かにすべし。

攝政は又後見人に非ず、大躰に於て法律關係を異にす、統治の關係は親屬關係に非ず、統治の作用は私權の行使に非ず、私法親屬法に於ける後見の制を以て攝政の制に論及す可らず、又實際の作用も異なり、後見の觀念は主として無能力者の一身を保護するに在り、攝政の制度は之に反し、統治關係の爲に存し、幼年なる君主を保護し監督するに非ず、其目的に於ても其方法に於ても全く異なり、攝政は後見人に非ず、幼年なる君主の後見人と稱す可きは別に太傅なる者の存するあり、太傅は敎育を司れども大政に參るを得ず、攝政は大權を行へども私事に干涉するを得ず、以て攝政と太傅とを區別すべし。蓋攝政太傅を混同するは歐洲の中世統治權を財產權と同一視し、君位繼承を家督相續と一樣に思惟せし時代の謬想にして今日と雖君主の遺命に由りて攝政を定むるが如き憲法の規定を有せるは其影響に外ならず、然れども近代の發達したる國家の觀念に於ては、國土を以て王室の財產と認むるが如き觀念を容れざる事は屢次辯明したるが如し。

攝政は憲法上當然君位と合躰し、受任者に非ず、又後見人に非ず、君主政躰に於ては無答責の元首たり、機關の地位に在り。我國躰に於ては元首たり機關たる地位に在ると共に統治主權たり統治の本躰たる地位に在り、是我國躰に於ける特質として君主に兩樣の地位ありといふ論理を貫くなり。

斯くの如く、攝政は委任に由るに非ず憲法上の制度たり、又私法的後見人に非ずして公法上國家の元首たる地位に合躰す、故に其設定及び解除等に關する說明が、私法の範圍に屬せずして、國法學の範圍に屬するなり、此地位を明かにせざれば、すべて攝政に關する法理の說明が曖昧に了る事となり。

第二節　攝政の設定

攝政は或場合に於て、或資格を有する者の中より、憲法の規定に由り當然位に即く者とす。本節は欵を分ちて、其事由、資格、順序等を論せんとす。

第一欵　攝政を置く事由

攝政は如何なる場合に置かるゝものなりや、攝政を置くの必要は、皇嗣若くは君主が事實上大權を行ふ克はざる場合に有す、是れ概括的の解答なり。然らば如何なる事由が大權を行ふ克はざる場合なりや、是れ次に起る問題なり。英國に於ては、君主は完全なり無能力なる事なし、といふ事を以て其國法の原則とす、故に英國に於ては一般の規定なく、事實上必要を生じたる場合に特に法律を以て、其地位を取得する者其權限及之を喪失する事由等を定むるを例とす。是れ特例たる者にして、其他の諸國は憲法家法等に於て此等事項を一定す、其攝政を置くの事由を擧ぐれば左の如し。

一、未成年

(一)君主未成年なる時。　これ皇嗣が即位する際に有する故障を規定したるなり。皇嗣猶幼稚にして意思能力を有せざるに、君主既に崩御其他の事由によりて君位を喪失せし場合と雖、皇嗣は其時當然君位に在り、君位に在るも事實上之を輔佐する者なくんば大權の行動を爲すを得ず、攝政此場合に必要あり、但し未成年なる時と規定する以上は、其規定は絕對的なり特定の人の智能如何に拘はらず、又成年に達す可き時日の長短に拘はらず、即位の其時君主未成年ならば必攝政を置かざる可からざるなり。

君主の成年は獨逸の數國の外は普通人の成年より其期を早くし、多くは十八歳と定む。我國亦然り。是れ可成攝政を置くの必要を避けんとするなり。君主の崩御に際し皇胤猶胎內に在る場合は、此未成年の場合に準じて、攝政を置くの事由ありとす、國法の規定なしと雖學說概一致す。

二、久しきに亙る故障

(二)君主久きに亙る故障の爲に大政を親らする克はざる時。これ即位後に係る。此規定も亦絕對的なり、久しきに亙るとはババリヤの憲法が一年以上と規定するが如く、明かに期限を定むる者の外は、之を決定するの標準なし、唯大政を親らする克はざる程に重大なる故障ある事を要するのみ、強て其故障の存續する期間の長短を謂ふに非ず、其期間は如何に短きも國政は一日も廢す可らず、攝政は必置かれざる可らず、其期間は假令數年數十年に亙るも猶正當に意思を發表する能力ある間は漫りに攝政を置く事を得ず、是れ攝政の法理を貫く精神なりとす。

此規定は絕對的なり、故に其故障は身躰上精神上の不能力又は行爲の不自由

攝政を置くの必要を認定する法

を含み、其發生の繼承の際に於けると即位後に於けるとを問はず、唯大政を親らする克はず、即意思を發表する克はざる程に重大なる故障あらば足れり。

右攝政を置くの事由の中、未成年の場合には其事實極めて明白なるを以て、之を置くの必要を認定するに別段の手續を要せず、普國の外各國皆其手續を定むる事なし、之に反して故障の場合には其事實往々にして不明なる事なしとせざるを以て、之を置く必要の有無を認定するを要す、故に此場合の爲には各國皆特別の手續を設く、普國に於ては攝政たる可き人若くは其人なき時は內閣が國會を召集し、兩院合同して之を議決す。我國に於ては皇族會議及樞密顧問の決議を經る事を要す。此等の議決は故障有無の事實の審査なり、國法上攝政を置くの條件に非ず、例へば國會又は樞密顧問が否決をなしゝが爲に攝政が其位に即くを得ざるに非ず、故障なきが爲に位に即かざるなり。又可決ありしが爲に位に即くに非ず、故障あるが爲なり、

攝政は君主の委任に由らず、國會等の議決に依らず、攝政を置くの事由ある時當然大權を行ふの地位に在る者なり、自己の名に於て自ら攝政の位に即く者な

り。是れ攝政の地位と其論理を貫くものとす、帝國憲法第十七條は特に明文を設けて、攝政は自己の名に於て大權を行ふものなる事を明かにせり、自己の名に於ては、機關又は代理人が本人の名に於て本人の爲にするが如き關係に非ずして、憲法上當然一定の資格を有し一定の順位にあるものが攝政の地位に當然に無條件に即く事をいふなり、大權を行ふとは即君主たる地位に合躰する事をいふなり。資格及び順序に就ては次の二款に說明す可し。

第二款　攝政の位に即く資格

君主が未成年なる時、若くは久しきに亘る故障の爲大權を親らする事克はざる場合に、何人が事實上之に代る可き資格を有するか、是れ本款の問題なり、一般の例として攝政たる可き者は國法上豫め一定す、然れども特例として一二の國に於ては攝政を置くの必要ある場合に特に之を定むるあり、白耳義及丁抹の如き是なり、

國法上豫め一定する制度の下に規定せる資格は三あり、之に該當する者に非れば攝政たる事を得ず。其資格條件次の如し。

一、成年

(一)成年に達したる事。　君主未成年なるが故に攝政を置く、其攝政が亦未成年なる時は、之を置くの趣旨解す可らず、攝政が成年に達したる事を要するに殆自明の理なり。君主の成年を早くするは可成攝政を置くの必要を避けんとする特別の目的を有す、攝政の成年には斯る特別の目的なし、故に攝政の成年は普通皇族の場合と同一に論ぜざる可らず、但諸國々法は往々可成皇太子をして攝政たらしめんが爲に、特に皇太子に就て特例を認むるあり、我皇室典範が皇太子及皇太孫に限り特に君主の成年を以て之を論ずるも亦此目的に外ならず。

二、故障なき事

(二)大政を行ふ能はざる故障なき事。　君主が故障ありて大政を行ふ能はざるが故に、事實上攝政をして代て之を行はしむ、其攝政が亦故障ありとは解す可らざるなり。此故障なきを要する事も亦多言を須たずして明かなり。故に第一條件と共に憲法の明文を存せずして當然に推論する事を得るものとす。而此場合に於ては典範及和蘭の憲法の明文の如く、君主故障の爲に攝政を置くと同一の手續によりて、攝政に任ずるの順序を變換す可きなり。

三、再始せざる事

(三)君主の母又は祖母にして攝政たらんとするは其再度結婚せざる時に限る。是

順位を讓る事を得るや

れ一般の通例にして、典範第二十三條も皇族女子の攝政に任ずるは其配偶なき者に限る事を規定せり。皇后が此規定の適用を受けざるは勿論なり。配偶なくして皇后たる地位有り得べからざればなり。

第三欵　攝政の位に即く順序

前欵に於て、攝政たる事を得可き資格に關する條件を明かにせり、此條件に該當する者の中に就て、何人が先づ攝政の位に即く可きや。

二三の例外を除くの外攝政は君位繼承の順序によりて君主に最近き者が其位に即くを通例とす。而君位繼承の資格ある者存せざる時は、往々母、祖母、配偶者又は宮內省高等官吏をして即位せしむるあり、或は國會に於て選擧するあり、此等皆特別なる憲法を有する國に限る特別の制度たり。我國も亦第一に君位繼承の順序に由りて皇族男子より採り、男子なき時は皇后、皇太后、太皇太后を順次に從ひて採り、此等皆在らざる時は皇族女子の中より君位繼承法に準ずる順序に由りて之を採る。

攝政たる可き順位に在る人、之を第二に攝政たる可き人に讓る事を得るや、諸

一、攝政設置の必要已みし場合

外國は概之を認めたり、我國に於ては之を認めず、皇太子皇太孫は他の皇族に讓るを得ず、其他の皇族中に於ても君位繼承の順位に在る人は當然攝政を置くの事故生じたるに於て其位に在り、權利たるのみならず義務たり、私權に非して公權たり、故に隨意に拋棄するを得ず、國家が强制して其位に即かしむるが故に、君主との間に何等の法律關係をも生ぜず、國法上當然に其位に在り、是れ攝政の法理を貫く者にして、攝政と君位繼承との關係を明にする我憲法の美點なりとす、

第三節　攝政の解除

特定の人が攝政の地位を取得するを攝政の設定といひ、其地位を喪失するを攝政の解除といふ。前節に於て其設定の規則に就て述べしが故に、其解除の爲に本節を設くるは、順序當に然るべし、然れども解除の事由は設定の事由と相反照して容易に知る事を得可きを以て、此處には重複を避けんが爲に特に說明を省き、唯其要領を擧ぐるに止めんとす。

攝政解除の事由は大別して二となす事を得、

(一)、之を置くの必要已みし場合、此中三あり、

(イ)、未成年又は故障に罹りし君主の崩御、
(ロ)、未成年の君主が成年に達したる事、
(ハ)、君主が大政を親らする克はざるの故障除きし事。

二、他人が取得する場合

(二)、攝政が地位を喪失して他人が之を取得する場合。
(イ)、攝政の薨去。
(ロ)、辭位。こは歐洲諸國の普く認むる所にして、我國の許さゞる所なり。
(ハ)、大政を行ふ克はざる故障生じたる時。
(ニ)、宣誓を拒みし事。歐洲諸國の通例として、攝政は君主に忠實にして憲法を確守す可き事を宣誓するを要す、而宣誓をなすまでは政務を行ふを得ざる明文ある國に於ては、宣誓を拒みし者は攝政の位を喪失したるものと認む。我國には斯る事なし。
(ホ)、最近親の皇族が未だ成年に達せざるの事故に由り他の皇族が攝政に任じたる後、最近親の皇族成年に達したる事。之を以て攝政が其地位を讓るの原因となす可きやは問題なり、伊太利の憲法は明かに之を否定せり、我

國に於ては皇太子及皇太孫に對しては之を讓る事となせり。

第三章　政務代理人

憲法の明文存せざる場合

政務代理人は一に監國といふ、君主が大政を親らする事克はざるも、其故障が攝政を置くを要する程に重大ならざる時は、往々監國を置いて大政の全部又は一部を行はしむる事あり。歐洲諸國に於て普く行はる、英國に於ては君主が國境外に滯在する場合等に監國を置くは國王の大權に屬す。普國に於ても千八百五十七年より八十八年の間に之を置く事前後四回に及べり。バイエルン、ザクゼン等の獨乙諸國に於ては憲法上明かに之を認む、而其他の諸國も我國も監國に關する憲法上の明文を有せず、此場合に猶之を置く事を得るや問題なり。君主は事實上自ら行ふ事を得ざる憲法上の大權を行はんが爲に諸種の機關を設くる事を得、然れども憲法が特に君主の親政を必要とするものは之を他人に委任して行はしむる事を得ず、監國は普通の行政機關と異なり君主親ら行ふ可きの政務を委任するものなり、故に憲法に特別の規定を以て之を認むるに非るよりは

實例

之を置く事克はざるものとす、

　尙ほ監國の性質を明かにせんが爲に、攝政との異同を列擧すべし。

大體に於て、攝政は君主の委任に由る者に非ず、監國は君主の委任に由りて生ずるものなり、これより左の數ヶ條の差異を生ず、

一、監國を置くは少くとも君主自ら委任を與ふるの能力ある事を要す、故に君主が全く政務を親らする能力を失ひたる場合には、攝政ある事を要し、監國を置く事はあり得可らざるなり。

二、攝政に任ず可き資格順序は國法上一定せるに反し、監國は何人をして之に任ぜしむるも君主の隨意なり。

三、攝政の地位は無答責なり、監國は君主に對して責任を有す。

四、攝政の權限は憲法上大權の全般に亘る可きものなり、監國は特に委任せられたる範圍內に於て政務を行ふ事を得るのみ、換言すれば、攝政の權限は廣きの推測を受け、監國の權限は狹きの推測を受く、

五、監國に委任したる事項は、君主は之を制限する事を得、又自ら行ふ事を得、

六、監國の委任を解除するは君主の隨意なり。

第四章　共和國の元首

序說　共和國の二政體

政體に君主政體及共和政體の二あり、其分るゝ所は前者の元首は無答責にして後者の元首は有答責なりといふ事に存す換言すれば共和政躰國の元首は法律上其行爲に就て責に任ずる者とす、是れ大體に於て共和國元首の地位を表明するに足る。而共和國の元首は一人の大統領を以て組織するあり、數人の合議體より成るあり、是れ共和政體が更に獨任合議の二政體に分るゝ所以なり、獨任共和政體は有答責なる一人の元首を戴くものにして、合議共和政體は有答責なる合議體の元首を戴くものなり、之れが爲に二節を設け、各節各政體國の元首の地位組織權限等に就て述ぶる所あらんとす、是に先ちて尚ほ一言す可き事あり、共和國は一に民主國といふ、其國法學上の特質は單に元首の地位に存すと雖、之を政治上より觀察するときは又自ら異なる結果を呈す可し、即民主國は其政治上殊に民主々義を重んずるが故に、所謂元首の組織並に權限等に就て其主義の隱見せるを見るなり。

第一節　獨任共和國の元首

獨任共和國元首は一人の大統領なり、一人の大統領を以て元首となすは佛國及北米合衆國を著しき者とす。

大統領も君主と同しく元首たり、故に憲法上當然一定の權限を有する憲法上統治機關の一にして、他の機關例へば國會等の委任に由りて其權限を行ふ者に非ず、選擧に依て即位するは、君主が世襲すると一様ならざるの觀ありと雖、是れ實際上の手續を異にするのみ、法理上の觀察に於ては君主が繼承して即位するも大統領が當選して即位するも同一の關係たり、君主も大統領も其地位に即く可き人が一定する以上は憲法の規定に從ひ主權の命令に由り當然に其位に即く者なり、選擧は唯事實上の手續に過ぎず、一旦選擧の終了したる時は撰擧者と被撰擧者との間には毫も法律上の關係なし、大統領は決して撰擧者の委任に由りて其權限を行ふ者に非るなり。乍併大統領は君主と異なり議會に對して責に

大統領の特權

合衆國

佛國

任ずる事あり、是れ大統領が君主と異なり全統治權の施行を總攬し又は參與せざるの結果なり、受任者が委任者に對して責を負ふの關係に非ず、即議會の委任に由て其權限を行ふの結果に非ず、故に大統領は官吏に非ず、學者或は之を目するに最高の官吏を以てするあるは未其地位を解せざる者なり、官吏とは總て他の機關の委任に由り其委任を受けたる範圍内に於て政務を行ふ者をいふ、大統領は故に官吏の地位にあらず、元首の地位に在り、憲法上統治機關の一たり。

大統領の特權に就ては二國の憲法上少しく異同ありと雖、大體に於て君主よりは小に一般人民よりは大なる事言を須たず。北米合衆國に於ては憲法の規定により一定の歳費(五萬弗)を受く、而自己の行爲に就て議會に對して責に任ぜざる可らず、此責任を糺すの法を彈劾といふ、彈劾は下院之を提起し上院之を判決す。佛國の大統領は唯反逆の罪に關して其責に任ずるのみ、其他總て自己の行爲に就て責に任ぜず、國務大臣其責を負ふ。又該國の大統領は刑法上特別の保護を受け、出版物に依て大統領に加へたる侮辱は特に其刑を重くす歳費は旅費交際費を併せて百二十万法、之を毎年の豫算に入れ議會の議決を經る者とす。

大統領の選擧

任期

大統領は君主と異なり世襲に非るのみならず、終身就職する者にも非ずして一定の任期を有す。合衆國に於ては四年、佛國は七年、二國共に任期滿限後再撰せらるゝを妨げず。大統領は君主と異なり世襲に非ず、君位繼承法に依て繼承する者に非ず、一定の任期を有し、任期滿限後、新大統領たる可き者を定むる手續は撰擧に依る。

被選者

被選擧資格に關しては、佛國には唯一の制限あるのみ、即曾て佛國の君主を出しゝ家族に屬する者に之を許さゞるのみ。是れ該國立憲政體史上特別なる沿革に基き、王族を排するの思想特に深きの致す所なり。合衆國にては稍精密なる制限を設く、即生れながらの合衆國の人民《シチズン》年齢三十五才以上にして十四年以上該國に居住する者たる事を要す。故に歸化人及一定の年齢年限に達せざる者悉く被選資格なし。

選擧者

大統領は佛國に於ては議會之を選擧す、上下兩院合同して國民會を開き、過半數の投票を得たる者を以て當撰者となす。合衆國に於ては人民の公撰とす、其方法は複選法たり、即各州に於て其州撰出の兩院議員と同數の撰擧人を撰擧す、其手續は各州立法機關の定むる所に從ふ、各州の撰擧人は其州に於て會同して投票す、其投票錄は上院議長に送られ、上院議長は兩院議員の面

副統領

前に於て之を數へ、過半數を得たる者を當選者とす、過半數を得たる者なき時に關しては別に特別なる手續あり。

合衆國に於ては大統領の外更に副統領なる者あり、大統領の任期中缺員となり、又は自ら政務を行ふ能はざる故障に罹る時は、直ちに大統領の地位に即く者とす、此場合に於ても君位繼承の場合と同じく、舊新大統領の間何等の法律關係を生ぜず、授受等の私法關係によるに非ず、憲法の規定に由り當然位に即く者なり。副統領は大統領に任ずる迄の間は當然上院議長たり。是れ實際上の便宜に出でたる法制の結果に外ならず、法理上別に説明すべき關係あるに非ず、事實として大統領たる人に次で民望ある者が副統領となる者と認むる事を得べければなり。副統領の任期被選擧資格は大統領と同じ。其選擧は大統領と同時に同一の手續により投票を區別して之を行ふ。唯投票の過半數を得たる者なき場合に關する決定法を異にするのみ。

第二節　合議共和國の元首

數人の合議體より成る元首を戴く者を合議共和政體國といふ。瑞西國及獨乙

內の三市(ハムブルヒ、ブレーメン、リューベック)之に屬す、

三市の議會の上院及瑞西の聯邦參議院は各其元首たり、而前者は立法機關たると同時に行政機關たり、一方に於て立法府の一部を成し、他方に於て行政を統轄する元首たり、之に反して後者は專ら元首として行政統轄の權限を有す、

聯邦參議院及三市國會上院

聯邦參議院は七人の議員より成る、其任期は三年なり、三市上院議員は終身議員たり。被撰資格は下院と同じ、撰擧は上下兩院合同して之を行ふ。合議體の首席たる者は三市に於ては市長といひ、瑞西に於ては大統領及副統領といふ。市長は上院議員の互撰によりて就職し其任期極めて短かし、大統領及副統領は上下兩院に於て聯邦參議院の議員中より撰擧し、一年を以て任期とす。市長は自治團體の機關たる地位に在らず、國家行政の首長たる元首の地位に在らず、其權限は單に合議體の議長となり其事務を整理する內部的の者たり。大統領といひ副統領といふ。亦之れと同じ、獨任共和國に於ける元首たる大統領とは全く其性質地位を異にする者なり、市長若くは大統領が元首に非ず、合議體其者か元首たるなり。

合議體の議員は事務を分配して各行政事務の一部を擔任す、瑞西の憲法之を

認む、其狀を形容すれば、元首たり又各省大臣たる兩面を有するなり。

第五章　國務大臣

此章に於ては國務大臣の地位及ひ責任を二節に分て論ず、其權限の如きに至ては此中自ら包含せらるゝなり。

第一節　國務大臣の地位

國務大臣は元首を輔弼するの機關たり、輔弼すといふ、故に自ら大權を行ふに非ず、元首が大權を行ふに國務大臣の參與を必要とするなり。大權の行使を輔弼する事を權限とす、故に事實上元首の行動を輔助するに止らず、或一定の形式を具へて之に參與するなり。

國務大臣は政治の主躰に非ず、大權は國務大臣が之を行ふものに非ず、元首は單に之に不同意なる時之を裁可せざるの消極的の力のみを有するものに非ず、是れ多く言を費さずして明かなるべし。

國務大臣は又行政長官にも非ず、諸國の實例として、國務大臣は同時に行政部局の長官として一部の行政事務を担任する事あり、是れ官制上便宜の爲にする偶然の符合にして、必しも國務大臣の地位と相離る可らざるものに非ず、所謂無定職の大臣なるものゝ往々諸國に見る所なり、此等の人は一定の行政部局を擔任するものに非れども、他の國務大臣と同じく內閣に列して元首を輔弼するものなり、我樞密院議長亦然り。

國務大臣の地位は又大臣の名稱を有すると否とによりて異なる事なし、一方には大臣の名稱ありて國務大臣の地位を有せざるあり、例へば宮內大臣の如し、又一方には大臣の名稱なくして國務大臣の地位を有するあり、例へば樞密院議長の如し。

第二節　國務大臣の責任

序說　責任の主觀及客觀

責任の主觀及客觀の區別

國務大臣は元首を輔弼するの職務を有す、故に其職務に就て責に任ぜざる可らず、之を國務大臣の責任と爲す。

諸國の憲法は大臣責任の規定と共に彈劾の制度を設けざるなし、故に大臣の責任は國會に對する責任なりとの思想を生ずるに至れり。然るに獨乙帝國の憲法は、其第十七條に於て、皇帝の命令は帝國宰相の副署あるに非れは効力を有せす、帝國宰相は副署に依て責任を負ふ、といふ事を規定せるのみにして、大臣彈劾の制度を設くる事なし、是を以て其責任の種類に就て異論紛出して歸一する所を知らす。我帝國の憲法亦然り、是皆責任の主觀客觀を區別せざるによりて生ずる誤なり。

客觀的責任とは責任を糾治する制度をいひ、主觀的責任とは責任と糾治せらるべき資格をいふ。此區別は何等の責任にも必存在するものにして、必之を明かに辨ぜざる可らざるものなり、殊に我國若くは獨乙帝國の憲法の如く、大臣彈劾の制度を設けざる國に於ては最多く此區別の必要あり。從來是等の憲法中大臣責任に關する規定の解釋に就て種々の異論を生じたるは、全く此區別を顧みざるの結果なり。

第一欵　主觀的責任

第一項　主觀的責任の性質及び

大臣主觀的責任の性質

憲法上此規定を設くる理由、

憲法に於て國務大臣が責任を有するといふ事を規定せる條項は單に主觀的の規定なり、此規定は國務大臣の爲に特に刑法又は懲戒法を設く可き事を定むるにも非ず、又大臣責任法律若くは政治裁判所を設く可き事を定むるものにも非ず、唯現に此等客觀的規定の存在せる場合に於ては其規定に依て責任を負ふ可き資格を定めたるものに過ぎず、我國及び獨乙帝國の大臣有答責の規定は此主觀的責任の規定にして、其適用は受働的なるものなり。客觀的規定ありて始めて其實用を見る可きものなり、然るに二國の憲法の如きは何故に客觀的規定なきに拘はらず、主觀的規定を設けたるものなりや、是れ一の問題なり。

主觀的規定を設けたる理由

抑々國務大臣は一般臣民と異なり官吏たる地位にあり、故に一般臣民の責任に關する原則を適用するを得ず、又國務大臣は官吏にして特別の地位を有するものなり、即憲法上の機關たる地位に在るものなり、故に直ちに一般官吏の責任に關する原則を適用するを得ず、一般官吏は原則として形式上完全なる上官の命令を執行せし時は其違法なる點に就て責任を免るゝものなり、然るに此原則は國務大臣の場合に適用するを得ず、立憲君主國の大臣は元首の命令に副署し又は元首の命に由りて執行したる時に於ても、之に責任を負はしむるを通則とす、此書は次項國務大臣有答責の條下に於て倘ほ說く所あるべし、之を要するに、國務大臣は一種特別の責任に關する原則を適用す可きものなり、是れ特に憲法に於て大臣主觀的責任の規定を設くる所以なり。

第二項　國務大臣有答責の理由、

前項の終に一言せし如く、一般官吏は原則として形式上完全なる上官の命令を執行せし時は其の違法なる點に就て責任を免るゝものとす、然るに立憲國の國務大臣は元首の命令に副署し又は元首の命令を執行せし場合に於ても其責に任せざる可らず、其理由如何、是れ國法學上難問の一たり、隨て諸學者の說區に一二のみならず、然れども茲には紛雜を避け、單に至當と信ずる說を揭ぐるに止めんとす。其は一般官吏と國務大臣とを比較するに基く說なり。今眞說を揭ぐるの前に當て、一言す可き事あり、一般官吏の責任は行政法學上の問題たるが故に、茲には之を詳說するの暇なく、姑く前定したる者とす。

國務大臣も他の官吏と同じく元首に從屬する者なり、此從屬の關係に於ては下級官吏が上級官吏に於けると異なる事なしと見る事を得、故に此點に就ては一般官吏の場合と比較するも妨げなし。元首の不法の命令は國法上元首の命令に非ず、之に從はざるは却て元首の命令に從ふ所以なり、一般官吏も之れと同じく、本來上官の違法の命令に服從するの義務なし、若し明文を以て上官の命令の適法なりや否やを審査するの權を與へられざる時は、上官の命令の違法なる事を認むる事を得ず、隨て絶對的に之を執行せざる可らず之に反して若し審査の權を有する時は、違法なる上官の命令は之を執行するを得ず、執行すれば罪あり。故に上官の命令を執行せし場合に於て下官をして其責に任ぜしむるの規定ある場合には、下官に命令審査の權を與へたるものと認めざる可らず、然らざれば下官は故なくして不當の負擔を被むる事となるを以てなり。之れと仝樣に、憲法が元首の行爲に就ても國務大臣をして責に任ぜしむる事を規定せるは、國務大臣に與ふるに元首の命令の適法なるや否やを審査するの權を以てしたるなり。隨て其違法と認めたるものは之を執行せざるの義務を有す、之を執行すれば責あり、換言すれば國務大臣たる者は元首の詔敕の適法なる事に就て責任を負ふものなり、此事實は副署之を公證す、副署によりて始めて責任を生ずるに非ず、唯違法の詔敕に參與せる事實によりて責任を生ずるなり、副署の事は次項の説明に譲る。次項に於ては副署の規定及び其効果に就て論述す可し。

第三項　副署及び其効果

國務大臣は憲法上君主の大權の行動を輔弼する機關たり、其職務は大權の輔弼にあり、大權を輔弼するの方法は君主の發する命令に副署する事なり。故に國務大臣は君主の命令に對して責任を負ふ。而副署は之を公證するの力あり。英國を除くの外近代の立憲國に於ては、國務に關する君主の詔敕は少くとも一人の國務大臣の副署を要するを以て原則とす、憲法又は他の法律が主務大臣の副署を必要とし又は內閣總員の副署を必要とする事あり、後の場合は例へば普國の緊急命令を發する場合の如し、斯る特別の規定なき以上は一人の國務大臣の副署を以て足れりとし且必しも主務大臣の副署なるを要せず。我國に於ては、法律及び一般の行政に係る敕令は內閣總理大臣主任大臣と共に之に副署し、各省專

任の事務に屬する勅令は主任大臣之に副署する規定なり。(明治十九年勅令第一號公文式、明治二十二年改正)

副署は其の性質上二樣の効果を生す、

第一、副署は詔勅の効力を生ずるが爲に必要なる形式なり、若し此形式を欠ぐ時は詔勅は國治上詔勅と認められざるものなり。

第二、副署は國務大臣が詔勅の成立に參與したる事を公證す、故に違法の詔勅に副署したる國務大臣は他の證明を須たずして當然其責に任ぜざる可らず。唯之を公證するのみ、之によりて責任を生ずるに非ず、故に國務大臣は假令詔勅に副署せざるも、他に詔勅に參與したる確證あらば、猶其責に任ぜざる可らず。元首の詔勅は必一人の國務大臣の副署を要すといふは畢竟少くとも一人の公證せられたる責任者ある事を要するの趣意に外ならざるべし。

以上の所述によりて之を觀れば、副署は君主たる地位と國務大臣たる地位との關係を明かにするものなり、元首は無答責たる地位に在り、如何なる命令を發するも如何なる行爲を爲すも法律上毫も責任の問ふ可きものなし、然れども君主と雖自然學上より見れは自然人なり、事實として違法なる命令を發し不法なる行爲をなす事なしとせず、此場合に之を輔弼する國務大臣をして責に任ぜしむるなり、事實上の必要此處に存す。

第三款　客觀的責任

序説　客觀的責任の種類

客觀的責任を分て道德上政治上及び法律上の責任の三とす、法律上の責任は細別して行政法上刑法上民法上及び憲法上の責任の四とす、此中道德上刑法上民法上及び行政法上の責任は特に國務大臣に限る可きものに非ず、而政治上の責任とは主として國務大臣が國會に對して答辨するの義務をいふ。是れ國會政治の行はるゝ國に於ては大臣進退の關する所なれども、未だ法規と稱す可らざる一の慣例たるに過ぎず、而立憲君主國の元首の地位と相容れざるものなり、故に此政治上の責任も亦國務大臣の責任として國法學上の問題となす可きものに非ず、斯くの如くにして剩す所は憲法上の責任のみなり。故に本款に於て廣く客觀的責任と稱するは、實は憲法上の責任のみを指していふなり。

第一項　客觀的責任の性質

我國及び獨乙帝國を除くの外、各國の憲法は國務大臣の責任に關して特別の規定を設け國會の一院或は兩院に與ふるに彈劾の權を以てし、上院又は高等裁判所又は特別裁判所より成立する政治裁判所に於て之を裁判す、之を稱して憲法上の責任といふ。

政治裁判所の裁判は如何なる性質を有するか、是れ純然たる立法問題にして、大臣彈劾の性質によりて之を論斷す可きに非ず、各國立法例の區々として一定せざるによりて之を見る可し。英國に於ては大臣彈劾は全く刑事にして、上院の議決によりて科する罰は純然たる刑罰なり。合衆國に於ては之に反して懲戒の性質を有するものとす、其罰は免職及び就職資格喪失にあり。若し其行爲が仝時に刑法上處罰す可きものならば、之を通常の裁判所に移すに止り、上院は直ちに其の罰を宣告する事なし、上院に刑事裁判の權なきなり。佛國に於ては責任法律の發布を豫期し、普國に於ては大臣彈劾の制あるのみにして未だ手續等の細目に及ばず、二國共に其性質を明かにせず。墺國に至ては兩樣の性質を混淆するものなり、其罰は通常免職に止れども、同時に刑法の規定に觸るゝ時は政治裁判所が刑を宣告す。

第二項　彈劾の原因

彈劾の原因の範圍

國務大臣は不法の行爲に就て法律上殊に憲法上の責任に由り、彈劾を受く、大臣彈劾の原因たる可き範圍は如何なる程度まで之を明かにする事を得るやが本項の問題たり、

第一、憲法々律違反の場合に限るか、曰く然り、政策上の得失は政治上の問題たり、法律上の責任に關せず、

第二、行爲の場合に限るか、曰く否、國務大臣自己の權限內の事は不行爲により

て責あり、

第三、憲法違反に限るか、法律違反をも含むか、といふ事及び

第四、職務執行の爲にする行爲に限るか、私行をも含むかといふ事は理論上論斷するを得ざる立法問題たり。

各國現行法

之を各國の現行法に徵するに、區々として多くは一定せず、英國に於ては叛逆收

賄の外處分の不當不得策をも併せて彈劾の源因となし、合衆國は叛逆收賄其他の重輕罪に限り、普國は二者の外憲法違反を以て源因となし、墺國は廣く職務執行に際する法律違反に對して責任ありとなせり。

第三項　彈劾裁判所

大臣彈劾に對して裁判を下す可き裁判所は、普國及び白耳義に於ては最高裁判所たり、英國の上院は最高裁判所を兼ぬるが故に、此の處にて裁判す、佛國及び合衆國は英國に倣ひて議政の府たる上院に判決權を與へたり。是れ黨派勢力の消長によりて其判決を左右せらるゝの虞あり。故に墺國の如きは特に政治裁判所を組織す、墺國の政治裁判所は、獨立にして法律の智識ある公民中より上下兩院に於て各十二名を選擧して組織す、其判官は國會議員を兼ぬる事を得ず。此三種の制度中上院に判決權を與ふるもの最多數を占む。然れども墺國の制度が最完全に近きものなり、大臣彈劾は立法府の侵すを許す可らず、且其判官たる可き者は政治上法律上の思想を兼備ふをを要す。

第四項　彈劾者

彈劾の權を有するものは、英佛の如く上院を以て裁判所となす國に於て下院なり、多くは各院に此權を與ふ、普國墺國の如き之に屬す、其他の獨乙諸國に於ては、兩院の同意を要すとなすあり、

大臣彈劾の開始後國會が停會又は解散せらるゝ事あるも、大臣彈劾は之れが爲に廢止に歸する事なし。墺國の大臣責任法律は國會の停會閉會及び解散は毫も大臣彈劾に影響を及ぼさゞる事を規定し英國に於ては之に關して確定したる先例あり。若し影響するものとなす、時は元首は停會又は解散の權を利用して不法なる大臣の行爲を庇護するとなしとせず。果して然らんには、大臣彈劾制度は屢次有名無實のものたるに了らんとする虞あり、之を防ぐの要は憲政の完美を期するに在り。

第五項　被彈劾者

彈劾は普國墺國等多數の國に於ては國務大臣又は各省長官に對して提起するものなれども、或は英國及び合衆國の如く一般の官吏にまで之を及ぼすあり、或は佛國の如く叛逆に限り大統領にも及ぼすあり、或は甚しきはウユルテムブ

ルグの如く政府より國會議會に對して之を起すあり。

彈劾の起りし後に大臣辭職する時は如何なる結果を生ずるや、國によりて二樣の別あり、彈劾を以て懲戒となす國に於ては懲罰は在職といふ事を以て必要條件となすものなるが故に、大臣其職を去る時は彈劾の目的消滅し隨て彈劾それ自身も自ら廢棄に歸す。之れに反して刑事の性質となす國に於ては、彈劾は之れが爲に廢棄する事なし、刑罰は在職と否とを條件とするものに非ればなり。

第六項　罰

政治裁判所の判決に由り科す可き罰の種類に關しては諸國の制度一ならず、是れ憲法上の責任を以て懲戒の性質あるものとなすか刑事となすかによりて生ずる結果なり。佛國及び普國には特に明文を存せず。英國は諸種の刑罰の中に就て上院に撰擇の權を與ふ。墺國は合衆國と同じく、官職を免じ及び將來官職に就くの資格を喪失せしむる事の外又合衆國と異なり彈劾の事由が同時に刑事に相當する時は併せて其罰を宣告す。

第七項　恩赦

佛國に於ては彈劾に依て處罰せられたる者は大統領が法律上之を赦免する事を得、然れども元首が恩赦權を濫用する時は、彈劾の制度は全く空文たるに了らんとするの虞あり、故に諸國概之に對して制限を設く。英國に於ては彈劾の進行中之を廢棄するを得ず、普國及墺國に於ては國會の發議又は同意ある事を要す。ウユルテムブルグ等の獨乙諸國には一種特別の制度あり、元首は大臣の罰を免ずるを得るも再び之を任用するを得ず、所謂有限恩赦權とは是なり、而合衆國に至りては全く大統領の恩赦權を認めず。

第二編　國會

序說

國會は政府裁判所と共に國家の統治機關の一たり、主として立法に參與する事を職とする治機關たり、實質上國會は古代の諸國にも存せざるに非ずと雖、形式的に完全なる憲法上の制度としての國會は近世の產物たり、此變遷を明かにする事が、近世の國會制度の特質を知るが爲に必要なり、故に先づ國會制度の沿

國体の別

革を說明し、次に其國法上の地位性質組織及權限等に論究せんとす。

第一章　國會の沿革

我國に於ては從來政府裁判所の存在せしに反し、國會は憲法の制定によりて初めて其設備を見たるものなり、我國古來の歷史に存在せざる新制度なり、然るに歐洲諸國に於ては殆其開國の當時より存在し、其當時の精神が、彼國躰の觀念と共に今日に傳はり、以て彼諸國國法學者の學說を左右せり、彼我國躰の別を明かにし、國會の國法上に於ける眞性を發揮せんと欲せば、須く先づ歐洲諸國國會制度の起源に遡りて探究する所あるべきなり。

前に第一卷第一編に於て略述せしが如く、彼と我とは國躰を異にす、彼は經濟上の必要便宜に基く團躰なるに反し、我は家族制度に基ける血統に由る團躰なり、我皇統を戴くは我祖先たる諸神が皇祖を戴きしと同じき觀念を以て戴くなり、我皇位は初より主權者たり、我人民の血統は初より服從者たり、君臣の分血統によりて分る、是れ我國民の人種が純一にして混淆せざる事猶ほ一家族內に於

國會制度變遷

一、日耳曼時代

けるが如きに由る、歐洲諸國に至ては則然らず、人種大移動の結果として又其後攻伐侵略殖民の結果として、甲人種は乙人種と相混じ、丙種は丁種と相交はり、到底純一なる人種を以て國民を組成する克はず、是に於て乎血族的觀念は國家組成の主勢力に非ず、唯々經濟上多數協同生活を必要とし、之を統御する權力者の存するを便宜とする觀念が、主として國家の成立を支配せしなり、是れ彼我國躰の相分るゝ一端なりとす。

歐洲諸國は此故に共和國躰たり、今日の歐洲諸國は其國躰の淵源を日耳曼人種に發せざるなし、古への日耳曼人種の國は即「フォルク」なり、部落なり、「フォルク」は分れて數多の「フンデルト」を成す、「フンデルト」は更に分れて又數多の「ジッペ」となる、「ジッペ」は小なる親屬團躰なり、「フンデルト」は文字の示す如く凡百戸許の家の集合なり、「フンデルト」に「フンデルト」の會議ありしが如く、部落に部落會議あり、唯一の政治機關たり、其議する所は主として軍事にあり他の部落に對して宣戰媾和する事が當時の部落國家《フオルクシヤフト》を維持する唯一最急須の政治たり、宣戰に决す、議員は席を蹴て直ちに戰場に向ふ、議員たる者は丁年以上の男子即干を携ふる能力あ

フランケン時代

る者なり、議員は干を執て議場に集る、議員即兵士たり國民皆兵たり即議員たるなり、國會は部落全躰の會合なり國民會なり、國民軍なり、參政權と兵役の義務と一致す、苟くも丁年以上の男子たる者は皆參政の權あり、極端なる平等主義にして議長なる者を置かず、もとより君主若くは之に類似せる者ある事なし、今日の親族仲間の寄合相談に似たり、決議に多數決なる事なし、各自携ふる所の干を高く捧けて之を振り以て同意を表す、全會一致なるに非れば事を動かさず、事を動かすに當り臨時便宜上「フユールスト」なる者を假く、兵に將として之を導くの義なり、事已むで之を罷む、平時に其必要なかりしを以てなり。日耳曼時代《ゲルマニッシエツアイト》を去て「フランケン」時代に入る、猶前時代の制度全く廢滅せしに非ずと雖、當時事實上中央の國會は開會せられずして、フランケン、ゴーテン、ブルグンデル、ランゴバルデン等各地方に地方議會の状態を成して、前時代の制度を保維せり、

二、封建時代

フランクの大國分裂して、近世歐洲諸國の基礎たる諸國を生ず、これ封建時代なり。封建時代とは權力關係が土地所有權と結付き、經濟上唯一の富たる土地が政權の消長の標準となりたる時代なり、故に日耳曼時代の經濟力の平等に基く

三、中央集權時代

各人平等主義は此時代に於て其根底より打破せられたり、君主は更に最大なる地主なり、他に中地主小地主あり、權利と負擔とは總て地主たる身分に歸し、日耳曼時代に於けるが如く國民一般に之を有し之を負ふ事なし、國會は國民中の或階級なる貴族豪族の會合となれり、即地主たり公民たりと稱する者の會合なり。國費は地主に於て負擔す而國會に於て租税に就て議員即地負擔者の協賛を求む、君主と議員即大地主と中小地主との爭常に此一點に歸す、紛々たる彼政變の多くは其孼を茲に發するを見るべし。

封建時代の次に來る者は近世の中央集權時代なり、之を國會制度變遷の第三時期とす、今日の國會制度は此時代に生れたる者なり、商工業の發達するに隨ひ農を以て唯一の國の本となし土地を以て唯一の經濟力となす克はさるに至て、已に地主のみが社會の強者に非ず、而所謂學問の復興《レヂイッサンス》なる者起りて希臘羅馬の學風が靡然として全歐に傳播するに及で、自由平等の主義は頓に其勢力を復し國民は平等に權利を有し負擔を分つべき者なりとの思想再燃せり、加之地主豪族の間弱は強の併す所となり劣は優の敗る所となり、神聖羅馬帝國は既に事實に於て其跡を亡ひ、英佛普遜諸國は各一方に獨立し、權力を統一して以て近世の歐洲諸國とはなれり。大趨勢に着目すれば、近世國會の性質は多く說明するを要せざるべし。佛國の大革命は全歐の大革命なり、古への共和政治に復へらんとす、是れ革命の精神なり、されば近世の國會は國民の會合なり、國權統一の下に豪族たる特別の權力を認めず、國民其者が直接に平等に國家に關係する事となれり、然れども事實上國民全躰の總會といふ事は望む可くして行ふべからざるを以て、新に選擧なる制度を設け、之によりて代表を得せしめんとするなり、

以上說き來りたる沿革史によりて之を觀れば、國會制度は彼歐洲諸國に固有なる共和國躰の產物たり、彼に固有なる制度にして、我國が之を採用せしは憲法制定の時に在り、此新制度の輸入が果して我政治上得策なりしや否は自ら別問題に屬すと雖、此事必すしも亦國躰の觀念と相容れざる者に非ず。憲法上國會を設けて立法權の行使に參與せしむるは立憲政躰の特質なり、國會の開設は政躰の變遷に關する事あるも、國躰には何等の影響する所なし。

第二章　國會の地位

國會は主權者に非ず

國會は統治の機關たり、此簡單なる一語以て國會の國法上に於ける地位を明がにするに足る、復た多く説明するを要せざるが如くにして、玆に特に本章を設くる所以の者他なし、前章に於て略述せし沿革の結果が國躰の異同と相連結して諸種の謬見を胚胎し、其二三は今猶歐洲の學者間に傳はりて、或は初學者の誤解を招くの虞なしとせざるを以てなり。

國會は主權者又は主權者の一部なりとは、主として佛、白諸國の學者の唱ふる所なり、然るに此等諸國に於てすら單に立法の一部に參與するを得て他の政務に干與するを得ず、加之憲法の下に立ち其條規を制定變更するを得ざるに非ずや、之をしも主權者といふを得べくんば政府裁判所の行政司法に參與するも亦主權者なりといはざるを得ず、誤謬の太しきもとより多言を須たず、但英國の國會は一種特別の地位を有するを以て、之を例外として別に論ぜざる可らず、英國の國會は唯兩性相易ふる事を得ずとの事實上の制限の外法律上何等の事と雖

國會は國民を代表する者に非ず

爲し能はざる事なし、國會の意思表示の外に憲法法律なるものなし、國會意思の表示が即憲法たり又法律たり、君主は他の君主政躰國に於けるが如く國家の元首たり、國家の元首たる君主は同時に國會に於ける君主として主權の一部を有す、主權は君主並に國會に在り、概括的にいへば國會に主權が存するなり、此特別なる國會の地位は、上古部落國家に於て國民會が主權者たりし觀念を其儘に因襲せる結果なり、主權は國民の集合たる國會に在り、故に其國躰を共和國躰と稱する事をも得べし、然れども分析的にいへば君主も國會に於ける君主として主權の一部を有す、故に之を君民同治國躰と稱するを以て最精確なりとす、君民同治國躰は共和國躰の一種なりと認むれば可なり、唯特に英國の國躰が他の共和國躰と異なる所以のものを識別せんが爲には、此特別なる國會の地位を明かにせざる可らず、此事國躰論の章に説明を凍らせり、相對照して國躰の觀念を明かにす可し。

瑞西各州又は其聯邦が、一定の資格ある臣民として政務に參與せしめ、或は人民の總會を召集し、或は或場合に人民の總議决を求むる事あるに反し、原則として最多數の國に於ては臣民撰出の代議士を以て組織する議會の設備あり、總會に對して之を代議會と稱し、議員を代議士と稱するも、法理上代表の意味を有する者に非ず、學者多くは此誤解に陥る、抑々中世封建時代は團躰階級の時代なり、國會は或團躰或階級の利益を代表する議員の集合なり、然れども近世中央集權時代は自由平等の時代なり、各個人直接に國家の統治に服す、國會は或階級者の利益を代表する者に非る事、前章國會の沿革を説明せし處に照らして明かなり、今は階級代表説を唱ふる者は稀なりと雖國民代表説を主張する論者に至ては猶少しとせず。或者は曰く、國會は人民各個人を代表する者なりと、然れども國民の數は多し其意思は各衝突す、此衝突せる無數の意思を代表するは到底不可能の事たり。又或者は曰く國會は國民全躰を一躰として代表すと、然れども國民全躰に人格なく意思なく權利なし、之を代表すとは無意義の事たり、加之所謂代表者たるべき國會は人格を有せず、人格なくして他の代表者たる能はざるも亦明かなり、國會は自存目的を有せず、國家の目的の爲に行動す、國會の目的と見ゆる者は實は國家の目的なり、國家が自己の目的を達する爲に國會なる機關を設く

國民代表は政治上の意味を有す

るなり、國會は國家の統治機關たり、此外に法理上の説明なし、或は國會を以て撰擧人又は撰擧區を代表する者となす論者なきを保せず、後章に説明するが如く、國會組織の一部は人民の撰擧に係るも、其權限に至りては撰擧人より委任して與へられたる者に非ずして、憲法の條規に由り直接に當然に之を有するなり、撰擧は自己の代人を撰定するに非ず、國家の爲に公の職務を行ふなり、撰擧終了すれば、撰擧人と被撰人との間に何等法律上の關係なし、特に撰擧區の利益に對する法律上の責任を以て議員を束縛するを得ず、假令議員が事實上其選出せられたる選擧區の一部の利益を計る事あり、又之に反する議決に賛する事あるも、是れ單に政治上道德上の問題となるのみ、諸國憲法中往々國會が國民を代表する事を記するは消極的規定なり、以て中世の國會が或階級團躰を代表する者なりしに反し、今の國會は撰擧人撰擧區等を代表する者に非る事を明かにせんとしたるなり、之を要するに國會は法律上何等の代表關係を有する者に非ず、

國會が國民を代表すとは國法上積極的意義を有する者に非る事前述の如し、然れども政治上に於ては重要なる意味を包有する語たり、請ふ少しく之を論ぜ

ん。抑々國民は歴史的に發達せる一種の國風《ナシヨナリチー》によりて連結し、一種の思想一種の目的一種の民情を有す、此國民は一個人の生死によりて生滅せず、百世永劫に亘りて活動し發達し存續する者なり、議會は此意義に於ける國民を代表する者なり、現存せる各個人の器械的集合を代表する者に非ず、一の全躰としての精神的團躰を代表する者なり、故に國會の意思即國民の意思たり、代議士の職は國家全躰の幸福及國民全般の民情に適合するものを實行するに在り、而其組織に關しても一國中に存在せる各種の生活各種の勢力を其輕重大小に隨て議會に反映するを以て代議の本旨とす、プリュンチュリーが國會の國民に於けるは猶地理と地圖との關係するが如し、といひしも亦此意に外ならず、國會が國民の各部分を實際の關係に比例して之を反映するには、地圖が山川の大小長短を實物に比例して登載するに似たるをいふなり。

第三章　國會の組織

序説

本章に於ては國會の成形、各院の組織等を論ぜんとす、而各院の組織に就ては可成丈詳細なる說明を惜まざるべし。

第一節　國會の成形

三院制

國會は一院より成り或は二院より成り、又稀に三院より成る、三院制の實例は現今の諸國に絶えてなしと雖、千六百四十八年頃の獨乙に於ける國會の成形は全く此種に屬す、即「クルフュルステン」局「ライヒスフュルステン」局及び「ライヒスステンデ」局是なり、而第一局は皇帝を選ぶの特權を有し、第二局及第三局は第一局と共に各議決權を有す、其後獨乙が帝國となるに及びて、之を廢して一院制となし、

一院制

帝國議會と稱する國會が、立法に參與する事となれり、其他現今一院制を採る者を擧ぐれば、僅に瑞西の各州及ヘッセン等の獨乙小國、希臘及セルウィヤ等の十數國を算ふるに過ぎず、其他は悉く二院制を採用す、今試みに數字を以て其割合を示さんか、歐洲に於て一院制の支配を受くる人口が僅に七百萬に過ぎざるに反し、

二院制

二院制度の下に在る者は殆一億七千三百萬に達せんとす、斯くの如く諸國が概ね二院制度を採れるは政治的沿革上及立法上の理由存す、其成形が一院たるも

二院たるも法理上毫も影響する所なし

沿革的理由

先づ沿革的理由を索めんか、歐洲上古の國民會は國民の集會にして特に國民中或階級に屬する者の集會に非ず、隨て代表の觀念なし。降て中世の國會は國民の或階級或團躰の會合なり、即或階級或團躰を代表する者の集合たり、現今の國會は主義としては上古國民會の觀念に復せり、然れども事實上國民の或一部のみを會合す、一方に於ては國民總會主義を存し、他方に於ては階級代表の主義を含み、兩主義を折衷し、上下兩院を設く、上院は主として階級主義を採り、下院は之に反して總會主義を採る、是れ現今普ねく行はるゝ所の兩院制度なり、

立法上理由

兩院制度が行はるゝは、上の沿革的理由の外に又下の如き立法上の理由存す、是を以て進步したる國家社會に於ては兩院制度が必行はるべきなり。

第一、代議の本旨は國民の諸元素を其大小輕重の度に隨て議會に反映せしむるに在り、之を貫かんが爲に財産門地學識等秀抜なる所謂社會上層の元素をして議會に代表を得せしめんと欲せば、特に此者の爲に一院を設け、以て數に於て勝る所の下層の元素の壓抑を防がざる可らず、

第二、一院制に於ては、元首と議會との衝突を避くるの途なく、二院制に於ては兩院互に相節制して多數專横の弊を防ぐのみならず、元首との衝突を輕くし、國家の平和政治の圓滑に資する事最大なり。

第三、兩院各々問題の觀察を異にし、精議審論、事を處するに愼重なるの利あり

兩院制度が沿革的に中世の國會制度の影響を受けし者なる事は前に略述せるが如し、然れども中世に於て國會が二局部又は三局部に分れたるは、各局部が各特別の階級團軆を代表し、各局部特種の權限を有せしなり、現今の國會が二院に分るゝは、此中世の局部制度より沿革し來れる者なりと雖、其法理に至ては全く同じからず、各院各獨立して權能を有するに非ず、總て國會の職權は國會其者の全軆に存し、一院獨立の權能なる者なし、隨て兩院の議決相一致せざれば國會の議決なる者を生ぜず、而兩院は開會閉會停會すべて同時に行ふ事通例たり、然れども兩院は各獨立の合議軆をなし獨立して議決をなす者なるを以て、議會の可決即同意は兩院一致せざれば存在せず、之に反して其否決即不同意は一院の

みの否決によりて存在し復た他院の議決を須たざる者なり

兩院制度の國に於て、兩院は對等の議定權を有する事通例たり、但豫算は之れが例外たり、豫算は諸國皆先づ之を下院に提出す、而上院の之に關する權限に至ては諸國其歸を一にせず、上院に修正の權を與ふる者は我國及び佛國にして、之を許さゞる者は英國及び普國なりとす。我國の憲法は其第六十五條に於て豫算は先づ衆議院に提出すべき事を規定するのみなると同しく、佛國の千八百七十五年二月二十四日の憲法第八條に財政法律は先づ下院に提出して其議決を求むべき事を規定せるに過ぎず、共に修正權に對しては何等の制限を設けざるを以て、上院に修正權ありと認むるは法理の當を得たるものなり、但佛國の實際に於ては年々此點に關して兩院の間に衝突を生ずる事ありといふ。

一院制を採る諸國

以上議會の成形主として兩院制に就て概論せり、一院制は現今の國法に於ては一例外とも認むべくして甚重要なる問題に非ず、且本書は一般國法學を講ずるを以て目的となすが故に、姑く一院制に就て論ずるを已め、以下兩院制の國會の組織に就て、各院に別ちて、少しく詳論せんとす。而こゝには唯一院制を採用する國の名を擧ぐるに止む、以下十七國皆是なり、希臘國、ミクレンブルグ、シウェーリン、サクセン、ワイマル、メクレンブルク、ストレーリッツ、オルデンブルグ、ブラウンシワイグ、サクセン、マイニンゲン、サクセン、アルテンブルグ、サクセン、コブルグ、ゴーター、アンハルト、シワルツブルグ、ルードルスタット、シワルツブルグ、ゾンデルスハウゼン、ワルデック、ロイス、ゴルテレリ、リニー、ロイス、ユンゲレーリ、リニー、シヤムブルグ、リッペー、リッペー。

第二節　下院の組織

序說

兩院制の國に於て下院は人民の撰擧せる代議士を以て之を組織せざるなし、故に下院及代議院と名く、我國の衆議院と稱する者即是なり。下院の組織は撰擧に依る、是に於て撰擧の法理及實際の手續が國法上重要なる問題となるなり。

第一款　撰擧の法理

適擧とは選任者を撰擇して公事を行はしめんとする事なり、任命といひ撰擧といふに唯上政府よりすると下人民よりするとの方向の差異あるのみ、法理上共に適任者を撰擇し國務に參與せしめん事を欲する意思表示なり。撰擧は個人自己の意思を主張せんが爲に代人を撰ぶの主旨に非ず、撰擧人は國家に對し國家の統治機關の組織に參與するの義務を負へるのみ、撰擧一旦終了すれば、議員は國家統治機關を組成する分子たり、選擧人の代人に非ず、選擧人と何等法律上の關係を有せず、選擧は國法上代表關係に非る也、唯人民が國家に對して公の職務を盡くすなり。彼の選擧資格被選資格を稱するに選擧權被撰權の名を以てするは此法理の誤解に基く者多し、被撰權といふも是れ權利に非ず、唯議員たるに法律上の資格の欠點なしといふ消極的意義を有するのみ、これをしも權利と名く可くんば凡日本人たる者は內閣總理大臣たる權利を有す宿屋營業人たる權利を有すといふが如けんのみ、是れ權利に非ず權能なり、一定の資格ある者必議員たる地位に就く權利あるに非ず。又選擧權は或意味に於て權利なり、議員たる可きんを指定する權利ならば正當に解釋せられたる權利なり、然れども假令一有權者が或一人を指名するも其人必しも議員の地位を得ざる事あり、選擧權といふも實は選擧する權利に非ず議員を選擧する事に參與するを得るのみ、其參與の方法として投票し得るのみ、選擧と投票と異なる事を記すべし。

第二款　選擧の手續

第一項　代表の方法

下院の組織は選擧に依る、其結果多數の黨派に屬する者を以て組織せらるゝを例とす、然れども單に多數の一半のみを代表する議會は未だ代議の本旨に適ふ者といふを得ず、代議の本旨は少數者の意見をも其勢力に應じて議會に反映せしむるに在り、少數の一半も亦代表せられざる可らず。加之專ら多數代表の制に依る時は、政治上幾多の弊害を來す事なきを保せず、或は少數者の不平は凝て革命擾亂の種因となり、或は多數者の專横は國政を視る輕忽苟且に流るゝ事もあらん。且や意見の區々に分れたる多數黨派の一半の決議よりも、意見の一致したる少數黨派の決議が、却て全國民の意思を代表するに近きものと見る可き場合なしとせず。是を以て近時漸く少數代表又は比例代表の方法が計企せられ、現に之を實行する國あるに至れり。少數代表の方法種々あり、今一々之を述ぶるは少しく冗煩に亘るの嫌なきに非ずと雖、此點は現今最議論多き問題にして且つ

少數代表の法

(一)、狹義の少數代表

(イ)有限投票

英、佛、伊の諸國に於ては之れが爲に硏究會を開いて討議を盡くすが如き有樣なるを以て、亦全く無益なる業に非るべきを信ずるなり。類別を設くるは說明の便宜の爲にするなり。

(甲)、狹義の少數代表、此法は單に少數の黨派の代表をして多きを得せしめんが爲に便宜上の規定を設くるに止るものなり、此中二法あり。

(イ)、有限投票、此法は人爲を以て多數の黨派に制限を加ふる者にして、例へば一の撰擧區より五名の議員を撰出すべき場合に於て各選擧人は三名に限り投票するを得るをいふ。故に假令多數の黨派が其投票を自己の黨員に集るも、少數の黨派は猶二名の議員を選出し得る機會なしとせず。此法は千八百六十七年より千八百八十五年に至るまで英國に、千八百八十二年より千八百九十一年に至るまで伊國に行はれし者にして、現今西班牙及び葡萄牙には現に行はる、西班牙に於ては三名を選出すべき選擧區の各選擧人は二名に限り、四名又は五名の選擧區に於ては四名に限り、七名の選擧區は五名に限り、八名は六名に限り投票する

(ロ)集合投票

を得、葡萄牙に於けるも之に類似す。此法通常の場合には多數黨派の勢力を殺いて少數代表を得せしむるの効ありと雖黨派運動の掛引によりては恰も此制限法の存せざるが如き結果を生じ、又三黨派以上存在する場合には之を適用す可らざるの缺點あり、且少數者の勢力の消長に關はらず常に一名以上の同數の議員を出さしむるの點に於て代議の本旨に反するの嫌あり、是を以て未だ完全なる投票法といふを得ざるなり。

(ロ)、集合投票、此法は前者に反し、人爲を以て少數の黨派に勢力を加ふる者にして、例へば五名の議員を選出すべき場合に於て各選擧人は或は五名の被選人に投票するを得、又は一名の被選人に五個の投票を集る事を得るをいふ、現今此法は北米合衆國イリノイス州に行はるゝのみ。是亦黨派掛引の巧拙により、例之三名を選出すべき場合に多數黨派は一人に投票を集るに反し少數黨派は却て三名に分ち其中二名の當選を得るが如き場合なしとせず、如斯きは代議の本旨に反戻する事言を須たず。故に此集合投票の法も亦有限投票の法と同しく完全なる方法と稱す可らず。

(乙)比例代表

(乙)、比例代表、此法は一定の原則に基き各派をして其實際の數に比例する代表を得せしめんとする者、此中亦二種あり。

(イ)單名投票

(イ)、單名投票、此方法に依れば、先づ議席の數を以て選擧人の數を除し、其得たる商を以て議員に選擧せらるゝに必要なる投票數とし、此數を得たる者は何れの選擧區に於て之を得たるやを論ぜず合算して其得票の數を定む。故に各選擧人は何れの區の候補者にも投票するを得、必しも其所屬の選擧區の候補者に投票するを要せず。又選擧人は自已が希望の程度に從ひ何名の被選人をも順次に列記する事を得而第一に希望する被選人が定數の得點に達せずして落選せる時は、之を其第二に希望する被選人の投票に算入す、若又第二が落選すれば第三位のものに合算す、以下準之、されば各選擧人の投票が全く無用に歸する場合極めて稀なり。又之に反し當選者の得たる投票にして定數に滿つる場合に於ては、其超過したる得票を前述の順位に隨て、次位の者に配當す。此法は今其一部葡萄牙及び西班牙に行はる、西班牙の選擧法に於ては、一の選擧區に當選せざるも一名又は二名を選出すべき數多の選擧區を通じて合計一万以上の投票を得たる者は、得點の數の順序により十名を限り議員となる事を得となす、葡萄牙に於けるも亦之に類似す。此方法は數多の點に於て利益あり就中、彼の選擧區を分割する制度に於ては或選擧區に於ける少數黨派は全く代表を得ざる事あるも、此方法によれば全國に通じ少數黨派も其勢力に應じ無所屬者も其人數に比例して各適當なる代表を得るは此法の最優る所なりとす。然れども此法は又其手續の煩雜にして多數の日子を費すの嫌あると共に、一方に於ては投票區劃の大なるが爲に賄賂等不正手段を防壓する監督の方法行屆かざるの虞あり、亦未だ極めて完全なる者となすを得ざるなり。完全なるものに非ずと雖、現行法に採用せる或は學者の唱導せる少數代表の法中、最完全に近きものを求むれば此外にある可らず、

（ロ）連合投票

（ロ）、連名投票、連名投票を基礎とする比例代表は、各種の黨派は各其候補者の名簿《リスト》を提出し、各選擧人は此名簿に就き定數の被選人に投票し、各名簿が得たる投票數に比例し其黨派の候補者中當選す可き者を定むるなり。此方法に屬するもの種々ありと雖、現今最完全なりと認めらるゝは、白耳義人ヴィクトル、ドントの按出に係る者なりとす、氏の方法によれば、各選擧區に於て候補者の各名簿に與へられたる投票の數を或同分母を以て除し其商の合計は選擧せらるべき議員の數に合ふ者なる事を要す。又一選擧人の投票の總價格は一定し、例へば一名に投票すれば一名の候補者が一票を得二名に投票すれば二名の候補者が各半票を得たる者とす、之と同じく若し甲名簿の候補者一人及び乙簿の候補者一人に使せて投票する時は兩名簿各半票を得たる者とす、斯くの如くにして各名簿の得たる全票及半票を合算すれば、各名簿の得たる投票の總數及び一の名簿中各候補者の得たる投票數を知る事を得、隨て何れの黨より何名を出し且何人が議員となるかを定むる事を得。此法は嘗て千八百九十一年の比瑞西國テッシア及ノイエンブルグの二州に行はれし事あるのみ。選擧人をして人に投票せしめずして主義に投票せしむるの奇觀あるは甚忌むべきの事なりとす。

之を要するに少數代表の思想は、代議の本旨を貫き、議政の圓滿を期する者にして、最有理なる者なりと雖、現今の國法の現狀に於ては未だ完全なる良制度を發見するを得ず、大體に於て多數代表が最も廣く行はれ、選擧區內に多數を制する者のみが、所謂國民の代表者として、立法の府たる議院を組織する事、現時の事實上の狀態なりとす。然れども法は社會の法なり、社會の爲に存する者なり、發達したる社會には之に適合する發達したる法規なくんばあらず、國法の進運は社會の事情に促されて日進月步の域にあり、少數代表の思想が現實に國法の條規となりて現はるゝの日遠きに非るべし、我國の議院及選擧法改正の議起らんとするを聞く、予は當路者が深く此點に注意せんことを切望するものなり、覺えず餘事に走る、讀者諒焉、

第二項　撰擧の種類

序説

下院は人民の選擧によりて組織せらる、選擧の法理に就ては既に説明せり、抑々選擧の方法は一にして足らず、其觀察の標準の異なるによりて分類の法亦一ならず、今一々之を擧ぐるは徒に冗煩に堪えずして却て實益少し、唯其主たる者の二三を列記して之に概略の説明を付するに止めんのみ。若し夫れ各國選擧手續の詳細に至ては、之を其國選擧法の規定に讓る。

(甲) 直接選擧及び間接選擧

間接選擧とは一に複選法とも稱し、公民の選擧したる選擧人に於て更に議員たる可き人を選擧する法をいふ、故に此法に於ては二種の選擧人ある事を要す、原選擧人及第二選擧人是なり、原選擧人は議員を選擧すべき任に當る者即第二選擧人を選擧し、第二選擧人が更に議員たる可き人を選擧す、二段の選擧なり。直接選擧は一に又單選法と稱し、二種の選擧人を要せず、公民が直接に議員たる可き者を選擧するなり、一回の選擧にて手續を了するなり今此二法に就て利害得失を比較せんか、直接選擧を可とする理由概左の如し

直接選擧制の立法上の理由

第一、前述の如く間接選擧が二重の選擧を要するに反し、直接選擧は一回の選擧によりて終了する者なるを以て、其手續簡易なり。

第二、間接選擧の制度に於ては原選擧人は其選擧の結果直接に議會に現はれざるを以て自ら選擧に冷淡にして輕忽なるが如き傾向あるに反し、直接選擧にありては選擧人が自己の選擧行爲に就て利害を感ずるの念深く隨て愼重なるが如き傾向を有す

間接選擧の立法上の理由

次に間接選擧の制度を採る立法上の理由は下の如し

第一、選擧區の區域廣く又は選擧資格位くして、選擧人の數甚多く且社會の下層に及ぶ場合に於ては、選擧人は眞個に議員たるに適任なる人物を鑒識するの力なく賄賂等の不正手段によりて動かさるゝ者多かるべきは直接選擧に普通なる弊害と認むべし、之に反して間接選擧法を用ふる時は、第二の選擧人たる者は稍多く鑑識力を具へ且道義心に富める者なる可きが故に、此弊害を救ふの利益少からざるべし。

第二、公民より選ばれて國會議員を選擧すべき任に當るは一の名譽なるを以

て、第二選擧人たる者は其地位を重んじ且原選擧人に對する德義上の負擔を覺え、選擧の公務を果たすに責任を以てし、自ら愼重にして誤なきを庶幾すべきなり。

第三、間接選擧に於ては、議員と選擧人との間に親密なる關係を生じ、相互に責任を感ずる事深きが故に、選擧人は事情に通ぜざる下民の如く漫りに不當の請托を爲して議員を苦しむる事なからん。

二法の得失凡右の如くなるを以て、現今諸國の立法例中多くは直接選擧を用ふれども、又或は間接選擧の法を行ふ者なしとせず、而間接選擧により上院を組織する國に於ては下院は直接選擧に依るを例とす。更に現實的に言へば、現今諸國の中下院の選擧に間接選擧の法を實行する者は、獨乙國中の普國、バイエルン、バーデン、ヘッセン及び那威國にして、墺國及び瑞典は一部直接法を用ひ一部は間接法に依り二法混淆して行はる、而其他の主なる諸國は皆直接選擧によりて下院を組織す、英國佛國北米合衆國及日本帝國皆是なり。

(乙)　秘密選擧及び公票撰擧

秘密選擧と公票選擧とは亦選擧の種類を分つ者なり、前者無記名投票を以て之を行ひ何人か或人に投票したるかを知るを得ざる法にして、後者は之に反し口頭指名又は記名投票によりて之を行ひ、何人か或人に投票したるかを知り得る者をいふ。二法の中果して孰を取り孰を捨つべきや、秘密選擧の制を採用する理由は左の二點にあり。

秘密選擧の理由

第一、秘密選擧に於て各選擧人は一身上の關係を有する者の爲に自己の所信を枉げらるゝの憂なし、公票選擧の弊害實に茲に存す。

第二、公票選擧に於ては選擧人は自己の所信を貫くに或は憚る所なしとせず秘密選擧に於ては極めて自由に其意志を表示する事を得、公票選擧に棄權者多くして秘密選擧にこれ少きは職として此理に由る。

公票選擧の理由

次に又公票選擧の理由とする所は次の如し

第一、公票選擧に於ては何人が何人に投票したるかを知る事を得るを以て、各選擧人は其投票に就て責任を感ずる事深く、隨て漫りに不適任者に投票するが如き事なかるべし。

第二記名投票を用ふれば偶々選擧人にして無資格なる者を發見する時之を訂正し得るの便利あり。

之を要するに選擧區々劃甚狹小にして、選擧人と被選人との間に密接なる關係ある場合には秘密選擧の制を採るを得策とすと雖、大躰理想上公票選擧は秘密選擧に優る者なりといはざるを得ず、是を以て現今の歐洲諸國の中普國及嗹馬除くの外は概ね秘密選擧を行ふ、而墺國は兩制度を混淆して用ふ。英國に於ては選擧長の定めし選擧日に於て選擧人は一人の發議者一人の贊成者及び八人の同意者の署名を以て候補者を推選する者とす、若し豫定の時刻迄に指名せられたる候補者の數が選擧せらべき議員の數に同き時は、其候補者は當撰したる者とす。而若し候補者の數が選擧せらる可き議員の數より多かりし時は、選擧長が指定したる投票日に於て、各選擧人に候補者の名を記したる紙を與へ、選擧人は其選擧せんとする候補者の名の傍に記號を付して投票する者とす。普國に於ては、各原選擧人は選擧係の面前に於て其選擧せんとする者の氏名を宣言し、選擧係は之を記錄す、即公票選擧にして口頭指名の法を用ふるなり、選擧人が議員を選擧する亦同樣の手續に依る、普國は間接選擧の制度を採る事前に述べしが如し、同樣の手續を二重に踐行するなり。

（丙）　單名投票及び連名投票

下院議員の選擧は直接法によるも間接法によるも、又秘密選擧の法を以てするる公票の法を以てするも、皆選擧區を設け、各區若干の議員を選出するの方法を採らざる國なし、此選擧區を區劃するの方法を標準として、選擧の種類を分つを第三の分類法とす、此標準に從て選擧法を分つ時は單名投票及連名投票の二種あるを知る、單名投票とは各選擧區より一名を選出し各選擧人は一名に限り投票するを得るの制度をいふ、連名投票とは之に反し各選擧區より數名の議員を出し各選擧人は數多の被選人に投票すべき者をいふ、二法の孰れか最得策たるかは佛國に於て共和政第三年の比より久しく問題となり我日本に於ても近時漸く之に關する議論紛出するに至れり、今兩法の理由とする所を比較論考せんとす、之に先ちて一言すべきは、連名投票の制を採る時は各選擧區の區劃は自ら廣大なるべきに反し、單名投票の制を採る國に於ては各選擧區の區域は自ら狹小なるべき事なり、換言すれば連名投票は選擧區域の大なるを意味し、單名投票は狹小なるを示す者に外ならず。

第一、少數代表の機會は連名投票に少くして單名投票に多し、聊か其理由を說明せん、單名投票の法によれば、一選擧區に於て多數を占むる黨派にても他の選擧區には少數なる事あらん、又一地方を通じて少數なる黨派も猶一二の選擧區に於ては議員を出すの望なきに非ず、之に反して、連名投票の法によれば、一地方を通じて選擧人の半數より唯一人を多く有する黨派は其地方に於て議員の總數を獨占する事を得、而選擧人の半數より唯一人丈け少く有する黨派は一人の議員すら選出するを得ざるの奇觀を呈する事なしとせず、是れ最極端なる塲合を例示したるに過ぎずと雖、亦以て連名投票が多數代表的傾向を有するに反し連名投票が少數代表的傾向を有するを見るに見るべし。

第二、連名投票を行ふ時は、即選擧區域大なる時は、選擧人は議員の適任者を識別するに難く、自ら賄賂勸誘等の左右する所となり易し。單名投票に在ては、之に反し人物に親炙するの機會多きを以て、各自一定の見識を以て自己の信する所に投票する事を得。

第三、連名投票にありては、黨派的の競爭烈しく爲に其餘弊を選擧終了後に胚す事あり、自治政の圓滑を妨ぐるの害少しとせず然るに若し單名投票を用ひ、廣大なる郡村を分て數多の選擧區となさば、一の區に於て競爭劇甚なる事あるも他の區は或は其弊を免るゝ事を得ん、

第四、連名投票は黨派に屬する候補者に利にして黨派外の候補者に不利なり、後者は大なる選擧區に在りて依る可きの機關なく、而も黨派的勢力を利用して合縦連衡の策を採る前者に當らんとす、材幹の大なるあるも終に必敗せざるを得ず。

以上列記せる理由に照らして之を觀れば、單名投票は諸種の點に於て連名投票に優る所あるを知る故に、現今諸國の選擧制度中、其全部若くは大部分に於て單名投票を採用せざるなし。佛國に於ては共和政第三年の初に連名投票を用ひしより或は廢し或は復し、千八百八十九年以降終に單名投票を專用する事となれ

り、現今下院議員の總數五百七十六にして、各郡より一名を選出し、人口十万以上の郡は十万人毎に一名を選擧す、而此場合には一郡を數選擧區に分ち毎區一名を選出す。

伊國も千八百九十一年の改正によりて五百八の選擧區より各一人の議員を選出する事となれり、其他嗹馬も純ら單名投票を用ひ、北米合衆國及び獨乙帝國は主として單名投票を用ふ。而英國普國及び我日本は二者を併用す。

英國は千八百八十五年の改正以降、主として人口五萬四千人に就き一人の割合を以て各市郡より選出すべき議員の總數を六百七十名とし、一市又は一郡より數名の議員を選擧すべき場合には、之を選擧區に分ち毎區一名を選出する者とす。而連名投票を用ふるは二名宛の議員を選出すべき三大學(カムブリッジ、ヲックスフォールド、ダブリン各大學を指す)及び由來引續き二名の議員を選出する市《マチ》(「シチー」及び「ボロー」を含む)に限る。

普國に於ては議員の總數四百三十三、先づ人口二百五十人につき一人の選擧人を選擧す可き者とし、一の原選擧區より選出すべき選擧人の數は可成三を以て除する事を得る數なるを要し又其數は六名を超過せざる事を要す、是前段述べし間接選擧の法及び後段述べんとする所の三級選擧制を採用せし結果なり、故に人口七百五十以下の町村は之を他の町村と合併して原選擧區を組織し、又千七百五十以上の市及び町村は分て之を二ヶ以上の原選擧區とす、數多の原選擧區を併せて選擧區とし、每選擧區より選出す可き議員の數は多くは二名にして往々一名又は三名を出すあり、是れ連名投票の制度たり、然れども新らしく得たる州、例へば千八百六十六年に普墺戰爭によりて得たるハノーベア、ヘッセン等に於ては概一選擧區につき一名を選出するの制を採れり。

我國衆議院議員の選擧は概單名投票の制に從ふ、即全國二百五十七の選擧區中二百十四の選擧區は各一名の議員を出し、其他の各區と雖亦二名を選出するのみ、

第三項　選擧資格

選擧資格とは選擧權といふも同じ、法理上は投票する權利なる事前述の如し。選擧は各選擧區に於て選擧權を有する者之を行ふ、此選擧資格に關して諸國制

度中大異同あるは、財産を以て其要件となすや否やの點にあり、其財産の多寡有無を論ぜざる者を普通選擧といふ。普通選擧は佛國、北米合衆國獨乙帝國及び瑞西等に行はるゝ者なりと雖、是れ代議の本旨に反し且多少の弊害を來す者なしとせず、代議の本旨は社會に於ける實際の關係に應じて人民の情勢を議會に反映せしむるに在り、彼の比較的多數なる貧愚者をして少數なる富智者を壓抑せしむるは、單に數を代表するに止めて質を代表するに及ばざる者なり、且もと選擧權は權利といふと雖實は國家に對する公の任務なり、國家は此負擔に任ずるの力ある者に對してのみ其負擔を命ずる事を得、財産を有する者は概して教育あり且此任務を盡くす餘裕ある者と認むべく、日夕衣食に汲々たる者に此餘裕なしと認むべし、然らば後者は徒に他の勸誘强迫に左右せられ、不正の徒をして不當の勢力を用ふるの機會を得せしめんのみ、然らば普通選擧は選擧權の平均を求めんとして、却て大なる不平均を作るに了る者なり、

普通選擧の害を避くる法

普通選擧の弊害を避くるには三種の方法あり。

(一)財産納税額

第一、一定の財産額又は納税額を以て選擧資格の要件となす、是れ最廣く諸國

に行はる、我國に於ては直接國稅十五圓以上を納むる事を要すとなせり、英國に於ては左の資格の一を具ふる事を要す。

(一)「フリーホルド」にして一生の間に限らざる者なるが現に占有ずるか又は婚姻によりて若くは僧職官職によりて得たる者なる時は每年二磅の純收益あるもの、

(二)「フリーホルド」にして(一)に該當せざる者なる時は五磅の收益あるもの、

(三)「コピーホルド」にして五磅の純收のあるもの、

(四)「クースホルド」にして當初六十年以上の期限を以て設定したるものならば五磅、二十年以上ならば五十磅の收益を生ずるもの、

(五)名簿調製前に十二ヶ月間十磅の價格ある不動產の所有者若くは借主として占有し且租稅を納めたるもの、

(六)一の住家若くは家屋の一部を獨立の住居として占有し之に住居して地方稅を納むるもの、

(七)獨立の住居を有せず他の住居の一部を占有して住居する者にして其貸間

の價一ヶ年十磅以上なるもの、但裝飾品を除いて計算するものとす。

右の中(一)より(四)までの資格は英國本土の制度に從ふ者にして蘇格及愛蘭に於ては稍異なり、而終の三つに至ては合衆王國三部に通ずるものなり、此他財産の外に敎育を以て要件となす國あり、序手を以て玆に述ぶべし、

(一)伊太利及葡萄牙に於ては文字を書き及び讀むの力ある事を要すとなし

(二)又伊太利及西班牙に於ては敎育を有すといふ推測を爲し得る官職々業を有し又は一定の學歷を有する者は財産又は納税に關する要件を欠ぐ者も選擧資格あるものとす、而白耳義に於ては千八百九十三年の改正によりて、此等の資格ある者に普通選擧人が有する投票權の外に投票權を附加する事となれり、此は後段の説明に讓る、

(三)英國に於ては大學に議員を撰擧するの權を與ふ。

抑々財産を以て撰擧資格の要件となすの理由は主として適任者を撰擇するの負擔に堪え得る者をして此公務を盡さしめんとするに在り、然らば敎育を以て其要件となすは洵に至當の事なるのみならず、財産若くは納税の額のみ

を以て要件となすものに比して大に完全に近きものなり、我國撰擧法改正の曉に於ては必此點に就て多少の顧慮する所なかるべからす。

(二)複數投票

第二複數投票、複數投票とは納稅額の多少により又は官職々業學位財産等一の選擧人の代表する利益の種類により同一の選擧人に數多の投票權を與ふる者をいふ、白耳義國は千八百九十三年の憲法改正により此法を採用せり、此國は一般は普通撰擧を採用すれども左の事情の一に當る者は通常の投票權の外に附加の投票權を有する者となしゝなり。

(一)三十五歲以上、既婚或は子を設けし後寡婦となりし者、家屋に對して少くとも五法《フラン》の稅を拂ふもの、

(二)二十五歲以上、少なくとも二千法の不動作を有し之に相當する收入あるか或は公債證書貯蓄銀行預證を有し其收入一百法なる者、

(三)二十五歲以上にして高等學校卒業證を有する者又は中等敎育上級の證書を有する者

(四)政府の官職民間の地位を有する者にして中等敎育を證する者、

而右の中(一)(二)に該當する者は一票を附加し(二)(三)に當る者は二票を附加するも、一人にして三票以上を有するを得ざる制限あり、此制限は全時に二條件以上に該當する者に對して適用あるなり。

（三）等級選擧

第三、等級選擧、此法は我國市會議員の選擧に用ふる者にして、普國は現に之に從て下院議員を選擧す。即三級選擧なり、先づ原選擧人を其納むべき直接國稅の額に從ひて三級に區分し、各級の納稅總額は互に相等しき者なるを要す、而最多額の稅を納むる選擧人より順次に總稅額の三分の一に滿る迄を以て一擧を組織し、其餘の選擧中稅額の最多き者より順次に總稅額の三分の一に滿る迄を以て二級を組織し、最低額を納むる原選擧人及び全く納稅せざる原選擧人を以て三級を組織す、各級の原選擧人は各原選擧區より選出す可き選擧人の三分の一を選擧す、此法によれば納稅額多き者は少數なるも多數の少額納稅者と同數の議員を選擧するを以て、貧富共に實際の勢力に比例して適當に代表せらるゝ事を得、最よく代議の本旨に適へる者にして、此點に於ては一定の財產又は納稅額を以て要件となし選擧權を有する者と之を有せざる者とを兩斷し而之を有する者の選擧權を均一にするの制度に比して遥に優る所ある者なり。然れども此法と雖未だ欠點なしといふ可らず、そは同一の額を納むる者にして貧者多き區に於ては一級に屬し富者多き選擧區に於ては二級或は三級に屬せざるを得ざるが如き事實を生ずるに在り、故に此法は市町村會議員の選擧の如き、區域小にして選擧區を分つの必要なき場合に在りては最適當なる制度なりと認むるも國會議員の選擧に適用するは少しく其當を得ざる者あり、我國に於ては幸にして未だ國會議員の選擧には之を適用せず、而單に市會議員の選擧に用ふるのみ、是れ寔に其當を得たるものなり、普國の如きは此點に關して顧慮する所ありて可なり。

選擧人名簿

選擧資格に附帶して説明を要するは選擧人名簿の事なり、選擧の準備の爲に各選擧區に於て選擧人名簿を調製す此名簿は選擧資格あるものを豫め登錄したる帳簿にして、其資格を公認するの效力を有す、資格あるものと雖選擧人名簿に登錄を受けざれば投票を爲す事を得ず、反之資格を失ふ者と雖此名簿に記名しある時は投票を爲す事を得、但此場合に其投票が果して有効なりや無効なりやは裁判によりて決せらる可き第二の問題なり。此名簿は豫め之を調製して公に示し、若し脱漏あるか又は誤謬あるかを發見したる時は帳簿の訂正を請求する事を得せしむ、此一定の期間を公示期間と稱す、此期間を過ぐれば確定名簿となる、確定名簿の効力は、之に登錄せられざる者は假令法律上資格の實質を完備するものなりとも投票を許さゞる事にあり。名簿は選擧毎に之を改正するものに非ず、例へば日本の選擧法に依るに名簿一たび確定したる時は、次の名簿の確定せらるゝまでは依然として効力を保護し。各選擧毎に此に依る、而其期限は通常一年とす、獨乙のバイエルン國に於ては毎年二回之を改正す。

第四項　被選資格

被選資格に就ては諸國々法概其軌を一にす、而又大抵選擧資格に類似する要件あり、然れども官吏に被選權を與ふるや否やの一點に至ては諸國の制度區々に出づ、北米合衆國及瑞西は全く之を與へざるの制を採り、佛國、伊太利、白耳義等は例外として或官吏に限りて之を許す、佛國に於ては大臣、次官、公使、セーヌ縣知事、警視總監及び大審院、巴里控訴院、會計檢査院の院長及び檢事長等是なり。英國に於ては千七百五年以前の官職に就きたる者は特別の明文ある者の外選擧せらるゝを得、反之千七百五年以後に設けたる新しき官職に就きたる者は特例を認むる者の外議員たるを得ず、概して税務に關係する官吏、有給の裁判官、官省の屬官は被選資格を有せず。獨乙帝國及び普國其他獨乙諸國に於ては官吏も議員なる事を妨げず、又上級官廳の許可を受くるを要せず但例外として一二の官職に在る者は議員たる事を禁ず、普國の會計檢査院長及檢査官の如き是なり。日本に於ては其職務に差支なき限り其管轄區域外に於て選擧せらるゝ事を許す、墺國亦然り。

第三節　上院の組織

序說

上院の組織に二種あり、第一種は主として選擧によりて組織する者にして、佛國及び北米合衆國の如き之に屬し、第二種は主として出生、任命等によりて組織する者にして、英國及び普國等之に屬す。今此種別に隨ひ二款に分ちて說明す。尙茲に特に注意を要するは、前述の如く、下院の組織が總會主義に基くに反し、上院

下院の組織と異なる點

の組織が階級主義に由る事なり、階級主義は上院組織の各種に包含せられざる事なし、根本的に此主義有する事を記すべし。

第一欵　選擧に依る上院の組織

下院と同じく選擧によりて上院を組織する國に於ても可成保守的元素を代表せしむるの趣旨に基き其組織の法稍々下院と異なる者あり、下院の組織は前章に説明せり、今其相異なる要點を列擧すれば左の如し

一、上院議員の任期は下院議員の任期より長し、諸國皆然り、

二、上院議員の被選資格たる年齢は下院議員のより多し、是亦各國の殆其軌を一にする點なり、

三、下院議員の被選資格には財産を以て要件となさゞる國に於ても、上院議員の被選資格には之を加ふるあり、白耳義、瑞典、和蘭、嗹馬の如き是なり、但後の二國は稍特別なる點あり、和蘭に於ては法律の指定せる官職に在る者は財産の要件を具へざるも可なり嗹馬に於ては多額納税者に被選權を與ふ、

四、下院議員の選擧には直接選擧の法を用ふる國に於ても、上院議員の選擧

には間接選擧の法を採るあり、直接間接兩選擧の事に就ては前章に略述せり、和蘭に於ては全部、白耳義に於ては一部、州會に於て上院議員を選擧するが如し、佛國も亦間接選擧に依る、少しく之を詳述して第一種に屬する上院組織の制度を知るの一端に代へんとす、

佛國の上院は各縣及殖民地に於て選擧せし三百人の議員を以て組織す、各縣及び殖民地に於て議員を選出すべき割合は一名乃至十名にして、千八百八十四年十二月一日の法律を以て之を定む、間接選擧にして、其選擧人は次の二種より成る、

一、其選擧區の代議士、縣會議員、及び郡會議員、

二、各市町村會に於て選擧せし委員、其數は人口の多少に比例し一人乃至三十人とす、各市町會は委員の外に其補充員を選擧し、以て委員辭職し若くは其他故障ある塲合に具ふ、代議士、縣會議員、郡會議員は市町村に於ける委員若くは補充員に選擧せらるゝを得ず、市町村の委員は選擧に參列するの義務を有し、之を怠あるものは罰金に處せらる、而他の一方に於ては旅費を支

給せらるゝの權を有す、委員の職は多くは一回の選擧にて終了する者なり
上院議員の任期は九年とす、下院の四年なるに比して大に長きを見るべし。三年毎に其三分の一を改選す、其順次は千八百六十七年に抽籤を以て定めたる選擧區の順序に從ふ、議員死亡其他の事由によりて欽員を生じたる時は補缺選擧を行ふ事あり、補缺員の任期は前任者の殘任期間とす。選擧は大統領の命令に由り、各縣の首府に於て選擧會を開き、其地の裁判所長を議長とし秘密投票によりて之を行ひ、其過半數を得且少くとも選擧人の數の四分の一に當る投票を得たる者を當選者とす、投票三回に及ぶも猶當選者を得ざれば比較的多數を得たる者を當選者とし、同數ならば年齡に從ふ。上院の被選資格は、年齡四十歲以上の佛人にして公權を有する者、といふの外數多の制限を有す、例へば佛國の君主を出しゝ家族に屬する者は全然、陸海軍人は一二の例外を除くの外、亦官職に在る者は在職間及び職を去りたる後六ヶ月間其管轄區域内に於て、又武官職に在る者は其在職間全然、共に被選資格なし、佛國は三權分立主義を最嚴重に行はんとする者にして、此制限亦此に出でしや復た論を須たず。

此他猶特種の方法なしとせず、那威に於ては、議會は其議員中より四分の一を選擧して上院を組織し其他の議員を以て下院を組織す、

而聯合國家に至りては、其上院組織は聯合國家を組織する各邦を代表するの趣旨を有す、瑞西及合衆國各州より二名宛選出せる議員を以て組織す。其選擧は合衆國に於ては各州の議會に於てし、瑞西に於ては各州法を異にす。

第二欵　主として選擧に依らざる上院の組織

主として人民の選擧に依らずして、出生任命等に依りて上院を組織する國は、英國及び普國の外、墺國、伊太利、西班牙、葡萄牙、バイエルン、ウュルテムデルヒ、バーデン、及びヘッセンの諸國なり、此等諸國に於て上院を組織する元素の主たるものを

組織の要素

列擧すれば左の如し、

(一)、皇族男子は我國の如く成年に達すると共に當然上院議員たるあり、又は普國に於けるが如く敕命によりて議員たるあり。

(二)、貴族は或は英國及普國の如く當然上院の議員たるあり、或は西班牙バイエ

ルン、ヘッセンに於けるが如く或財產を所有する者に限り當然議員たるあり、又は英國、墺國に於けるが如く互選により若くは英國、普國の如く敕命によりて議員となるあり、

(三)、宗教家の元素は歐洲諸國上院の組織に常に加はらざるなし、大僧正僧正等の僧侶は英國等の如く其職務に由りて當然議員たる事あり、又は議員に敕任せらるゝ資格の一種たる事あり、或は又普國等の如く重要なる寺院の僧侶に議員を互選し又は推選するの權を與ふるあり、

(四)、高等の官職に在る者例へば上級司法官、將官、行政文官、名譽宮內官吏等は當然議員たる事あり、又は被選資格の一たる事あり、

(五)、學者の元素も亦諸國上院の組織に入らざるもの罕なり、大學の學長及教授學士會院員、高等教育會議々員は敕撰の要件となる事あり又は大學學士會院等に議員を選擧し又は推選するの權を與ふるあり、又は學術技藝に功勞ある者より敕撰するあり、

(六)、大資產家の元素は多くの諸國の上院組織に入る、の土地を所有者又は多額

英國の上院

の納税者は數多の國に於て議員を選擧し又は推選するの權を與へられ或國に於ては議員に敕選せらるゝの要件となる、

(七)、伊太利、葡萄牙、西班牙の憲法は若干の期限の間下院の議長又は議員の資格を帶びし事を以て被選資格の一となせり、

(八)、人民中に勢望あり又は國家に對して功勞ある者を敕撰せらるゝ事あり、

(九)、重要なる都市の吏員は當然議員たる事あり、又は勅撰資格の一たる事あり、而又都市は議員を選擧推選する權を有する事あり、

今諸國の制度中特に英國、普國及び我國の上院組織を稍詳細に說述し、以て第二種の制度の一班を知るの便に供せんとす。

英國の上院は左の五種の元素より成る、

(一)、大僧正及び僧正は其職務に由りて當然上院議員たり、在職中議員たるを得るのみ、職を罷むれば議員たる資格も當然消滅す、其議員たる事を得る總數二十六名、其中カンタアベリー及びヨークの二大僧正及び、ロンドン、ダブリン、マンチェスターの三僧正は常に議員たり、

(二)、合衆王國の貴族は世襲に議員たり、其數に制限なし、皇族も貴族として上院に列する事を得、

(三)、愛蘭土の貴族は其數常に百名を下る事を得ざるの制限あり、此等貴族中二十八名は選擧によりて終身議員たり、其法たる別に選擧會を開かず、唯各貴族の投票を集めて其結果を定むるのみ、

(四)、蘇格土の貴族たる者の數には制限なし、其上院議員たるを得る者の定數は十六人、新に議會を組織する毎に詔勅によりて選擧會を開き代議貴族を選擧す。新議會毎に改撰するが故に別に召集狀を發するの要なく、代議貴族なるが故に合衆王國の爵を授けらるれど其資格消滅す、其任期は七年、即下院の總選擧までの期間なりとす、是等の點大に愛蘭土の貴族と趣を異にするものあるを見るべし。

(五)、法官、(ロード、オブ、アッピール)一代貴族は上院議員たる資格なし、唯四名の法官に限り此權を與ふ、此等の貴族即法官は二ヶ年以上上級判事の職に在り又は十五ヶ年間辯護士の職にありし者の中より之を敍す、

普國の貴族院

被選資格の制限として、英國の臣民に非る者、家資分散の宣告を受たる者、未成年者、重罪の刑に處せられたる者及び上院の宣告によりて上院を除名せられたる者は議員たるを得ざるの規定あり、故に英國臣民にして成年に達し此等の制裁を受けざる者の中右の條件に該當するものに限る。

普國の貴族院の組織は、千八百五十三年五月七日の憲法變更の法律に基いて發せし千八百五十四年十月十二日の勅令の定むる所なり、抑々勅令の廢止變更は敕令を以て爲す事を得、必しも法律に由る事を要せず、是れ原則たり、然れども此勅令は一種特別なり、即法律の委任によるものなり、故に此の勅令を變更するには法律を以てする事を要す、其組織の元素は大躰に於て皇族議員、世襲議員及び勅撰終身議員の三種より成る、第二種及び第三種の中には各若干種を包含するを以て、是等は又細則に從て列擧すべし、

(一)、皇族議員、皇族成年男子中勅命によりて議員たるもの、

(二)、世襲議員、とは次の四種を包含す、

(イ)、「ホーヘンツヲルレルン、ジグマリンゲン」家の族長

(ロ)、千八百六年前獨逸帝國の直轄に屬せし家族の族長
(ハ)、千八百四十七年二月三日の勅令に由り議會の貴族院に參列するの權を與へられたる貴族
(ニ)、特別の勅令により貴族院に列席し及表決するの權を世襲するもの、
三、勅撰終身議員とは次の三種より成る
(イ)、四人の名誉式部官、
(ハ)、國王の特別の信任に由り勅撰せられたる議員、國王は此種の議員中より王室法律顧問を任じ重要なる法律問題殊に王室に關するものに就て諮問し或は審査せしむる事あり、
(ハ)、推選の權を有する者の推選に係るもの、推選の權を有する者次の如し
(い)、千七百四十七年二月三日の敕令に由り議會の貴族院に參列するの權を與へられたる寺院
(ろ)、各州毎に其州に於て士領地を有する伯爵を以て組織する團躰
(は)、一族其所有地の廣き事を以て著名なる家族にして特に推選の權を與

へられたるものゝ團躰、

(に)、五十年以上同一の家族の所有に歸し一定の相續法に由り男系の系統にて繼承する士領地主の團躰、

(ほ)、各大學

(へ)、特に敕命に由りて推選の權を與へられたる都市、現在四十餘あり。推選を行ふには、寺院は其僧侶に於て互撰し、大學は評議會に於て正敎授の中より選擧し、市は參事會に於て會員中より選出し、市參事會なき市に於ては市會に於て市長助役の中より推選するなり。

被選資格の要件としては倘、普國臣民たる事、普國に住居を有し、且外國の現職に在らざる事、及び皇族を除くの外は年齡滿三十歲以上たる事を要す。是れ現行法の規定なり、然れども該國千八百五十年の憲法中に規定せる上院の組織は、此次に述べんと欲する我國貴族院の組織に酷似する所あるを以て參考の爲に略述せんとす、此規定による當時上院の組織左の如し。

一八五〇年の上院

(一)、成年に達したる皇族男子

(二)、千八百六年前に獨逸帝國の直轄に屬せし家族、及び勅命によりて上院に於ける列席及び表決の權を世襲する特權を與へられたる家族の族長。

(三)、國王の敕撰したる終身議員

(四)、法定の撰擧區域により議員一人につき三十人の最多額納稅者が直接に撰擧せし九十名の議員。

(五)、大なる市の市會に於て選擧せし三十名の議員、

右諸種の元素は其數に於て互に制限す、(三)の數は(一)及び(二)の數を超過するを得ず、(一)より(三)に至る議員の總數は(四)及(五)の總數に超過するを得ず。

我國貴族院の組織は貴族院令によりて定まる、其組織の要素は憲法にて定められ、其細則が貴族院令にて定まるなり、皇族、華族及び勅任議員より成る事は憲法の規定にして、之を變更するは憲法改正なり、唯其範圍內に於て如何に議員を選定するかは貴族院令の規定たり、貴族院令によれば、議員たるに三種の方法あり、當然に法律の規定にて議員たる者、特に任命して議員となす者、選擧によりて議員たるもの是なり。今左に各種に就て細則に亘り說明すべし。

（一）、法律上自然に自己の資格により議員たる者は皇族及び華族中の公侯爵なり、即皇族が成年に達したる時、及び公侯爵が滿二十五歳に達したる時は當然議員たるものとす。

（二）、選擧によりて議員たる者は伯子男爵の議員にして、七ヶ年を以て其任期とす、其數は伯子男爵各總數の五分の一以内にして、選擧を行ふの前に敕命を以て之を定む、其選擧人たる事を得可き者は成年に達したる伯子男爵にして、瘋癲白痴のもの又は家資分散の宣告を受けたる者は選擧權を有せず、而刑事の訴を受けて拘留又は保釋中に在る者は選擧權を行ふ克はず。又被選人たるを得る者は、滿二十五歳以上の伯子男爵にして、右に掲げたる事故ある者又は神官、僧侶及び諸宗の敎師は選擧權を有せず、其他の故障の場合を定めざるは、此等の場合には華族の爵を失ひ、其結果として當然に選擧權をも被選擧權をも失ふ事となるを以てなり。選擧は選擧人自ら之を行ふを例とす、然れども特別の事故ある者は同爵選擧人に投票を托する事を得、選擧の細則は伯子男爵の協議を以て之を定む、此協議は私法上の契約の性質を有する者に非ず、國法の規定によりて法規を定むるの權を委任せられたる者が、其範圍內に於て定めたる者なるが故に、猶國家の命令たるを失はざる者とす、故に之に違背するは個人間の契約を破るに非す、國家の命令に背戾するものといふべし。

(三)、特に任命によりて議員たる者は所謂敕任議員なり、其數有爵議員の數に超過するを得ず、敕任議員に二種あり、終身議員及び一定の任期を有する議員是なり、各之に任せらる可き資格を異にす、其資格の條件たる可き事項各左の如し。

(イ)、終身議員は國家に勳功あり又は學識ある滿三十歲以上の男子にして敕任せられたるものなり、

(ロ)、一定の任期を有する敕任議員は、各府縣に於て滿三十歲以上の男子、土地又は工業商業に就て最多額の直接國稅を納むる者十五人中より一人を互選し、其選に當りて敕任せられたる者なり、互選人たる事を得ざる者は、神官、僧侶及び諸宗の敎師、現役軍人並に犯罪によりて互撰人たるの權を

失ひし者及び刑事の訴を受け拘留又は保釋中にありて此權を行ふ克はざる者のみなり。此種の議員は選擧によるものなれども選擧は敕任の條件たるに止り、其議員の資格は敕任によりて得るなり。

第四節　議員の地位に隨伴する權利

序說

以上第二節及び第三節に於て揭げたる資格及び方法等によりて上下各院議員の地位を得たる者は、其地位に隨伴して特別の權利を有す、發言表決の自由、身躰の自由、及び實費辨償是なり、以下三欵に分て說明す。地位に隨伴する權利なるが故に議員たる可き資格に於てある時に限りて有する權なり。

第一欵　發言表決の自由

議會の議決の自由を保ち政府の干涉を受けず獨立の議決をなす事を得せしむるが爲に、諸國の憲法は議員身躰の自由と共に發言表決の自由を保障す、此等自由の法則は立憲國に行はるゝ一般の原則と認むべき者に非す、寧ろ一般臣民の責任に關する通則の例外をなす者なるを以て、極めて嚴格に解釋し、其範圍等は專ら各國憲法の明文によらざる可らず。我國の憲法及び普國等の憲法には發言表決といはずして、意見及び表決なる語を用ふ、於是意見なる語の意味が疑問となる、併し此明文を設くる憲法の目的は議員が其職を行ふに當り獨立及び自由を保つに在るを以て單に意見といふも議員の職務上の發言は一切之を包含せしめ隨て事實の陳述に就ても責に任ずる事なからしめざる以上は、此目的を貫徹するを得ず、加之意見と事實とは往々分別に苦む事あり、如何なる意見にても事實の陳述によりて之を説明するを要す可く、又事實の陳述も多少自己の判斷を加ふるを要する事あり、之を要するに事實の陳述も亦所謂意見の語の中に包含し、意見とは發言といふと同じき意味なりと解するを以て、法の精神を得たる者とす、

言論自由の範圍

議員言論の自由は次の數條によりて其範圍を限らる、

(一)、議員が其職務を行ふが爲に發言したる場合に限る。隨て本會議の議事のみならず委員會に及ぼすは妨げなしと雖、選擧人に對する報告の如き、又は議長の許可を得ずして發言したるが如き、職務外の發言に對しては其責に任

せざる可らず、

(二)、院外に於て責任なしといふ意なり、故に院内に於て議院の懲戒權により懲戒せらるゝは議員の言論の自由に關係する者に非ず、

(三)、無責任とは法律上無責任なる事を意味す、故に刑法上無責任なるはもとより、官吏にして同時に議員たる者は其議員たる職務によりて爲したる言論の爲に免職等の懲戒處分を受くる事なし、然れども黨派に對する道德上の責任及民事上の損害賠償は此中に包含せず、又此法則は證人として裁判所に出廷するの義務に影響する所なし、此等皆議會に於ける自己の發言より生ずる法律上の不利益を自己に負ふものに非るが故なり。

(四)、議事筆記の刊行の自由は、此法則の結果に非ずして議會公開の結果たり故に秘密會の議事に對しては刊行の自由なし、筆記刊行の自由は眞正の筆記に限るものにして、或は一員の意見のみを刊行し、又は議員の意見を變更して刊行したるが如き場合には、刊行者に責任あり。議員も議事全體の報告を爲すは責任なしと雖、自己の演說のみに限りて之を刊行し又は報告するに

當りては其責に任ぜざる可らず、帝國憲法第五十二條に明文あり。(前略)但し議員自ら其の言論を演說刋行筆記又は其の他の方法を以て公布したる時は一般の法律に依り處分せらるべし。

第二欵　身躰の自由

諸國憲法の保障する所によりて、議員は會期中議院の同意なくして逮捕せらるゝ事なし、而英國に於ては會期中及び會期前四十日間を含み、佛國及普國等に於ては逮捕及び審問を含む。會期とは開會より閉會に至る期間をいふ、故に停會中も亦會期間なり。此法則には各國共に例外ある事を認む、佛國に於ては現行犯、普國に於ては現行犯又は犯罪の翌日中に逮捕せらるゝ場合、英國に於ては即決裁判を下す事を得ざる犯罪及び裁判所に對する侮辱罪我國に於ても亦現行犯及び内亂外患に關する罪を以て例外とす。

同意を與ふる理由

議員の逮捕に關して議院の同意を求めたる場合には、議院は如何なる理由によりて同意を與へ又は與へざる事を得可きか。是れ曾て普國に於て一問題となり學者の討論せし所なれども、要するに、政府が司法權を濫用して議員の自由に干涉する事を防ぐが爲に議院に此許否の權を認めたるものなるが故に、議院が承諾を與ふるに當りては單に此黨に就て審査し、司法權の濫用と認む可き形跡なき以上は其逮捕を承諾す可きものにして、決して或論者の主張するが如く、之に加ふるに罪の大小、刑の輕重を比較し刑事裁判の利益と議會に於ける代表の利益との輕重を比較するが如き事に及ぼす可らざるものなり。然れども憲法は別に同意を拒むの理由を制限せず、且理由を示す事を要すとは爲さゞるを以て、此疑問は何れに決するも單に學說たるに止り、實際に於ては毫も影響する所なし、故に甚だ重要なる問題に非ず、

會期前に逮捕せられし議員は議院の要求により逮捕を解き又は審問を停止する事を要すとなすあり、英國、佛國及び普國の憲法等是なり、然れども我國の憲法の如く斯る明文なき場合に於ては議院に此要求權なしと見るの外なし、此等の法則は一般臣民の責任に關するの原則に對して例外たるものにして、狹義の解釋を採る可きものなればなり。故に憲法の明文を存する英佛等に於ては、もとより議院は此要求をなす事を得るは憲法上當然の事たり、然れども是れ特別の

明文の結果なり、明文なくして之を行ふも法律上何等の效果なし、此事バイエル

ンに於ける實例の證明する所たり。

第三款　實費辨償

議員に當選したる者は一般臣民の負擔に加ふるに特別の職務を行ふ者なり、其爲に官費を辨償するや否やは政治上頗利害の分るゝ所なり、之を給せずして全く無報酬となす時は所謂資產家の外は其職に當りて地位相當の支出を自己の財源より供出するに堪えざらんとし、又餘りに之を給する事充分なる時は、國家に對する名譽の職たる本旨に反し、之を以て一種の營業となすの觀念を生じ、政治界の腐敗を招く一因たらんとす、英國及び獨乙帝國は之を支給せざるの主義を採る、其他最多數の國に於ては議員に實費を辨償するを例とす、其中に就き方法自ら二種に分る、一は即我國及び佛國に於けるが如く歲費として一定の金額を給與するものにして、他は即普國等に於けるが如く日當及び旅費として實費を辨ずるものなり。全く之を支給せざる私法上の觀念に反す、特別なる勞務に對し報酬を與へざる事となるを以てなり。要は之を支給する程度の問題なり、幾

何の額に至るまで之を辨償すれば弊害を生ずる事なくして、而負擔に相當するかの程度論なり。而こは主として經濟論政治論に亘り、本書の範圍の外に出づ。

第五節　議員地位喪失の原因

第二節及び第三節に於て述べし要件を充たして議員の地位を得たるものは、又或原因によりて其地位を喪失する事あり、之れが爲に國會の組織の一部又は全部が事實上新陳代謝す、然れども國家の機關たる國會は終に其性質地位を變更する事なし。此等原因を大別して一般の原因及び特別の原因の二とす。

一般の原因

(甲)、一般の原因とは一般議員の資格を同時に消滅せしむるものをいふ、此中二あり、

(一)、任期滿限、終身議員の外は一定の任期の終了すると同時に議員たる資格を失ふものなり、英國に於ては下院議員及び蘇格土貴族の選出に係る上院の議員は七年を以て任期とし、佛國に於ては上院は九年下院は四年を任期とし、普國に於ては上院議員に任期なく下院議員は五年、我國の貴族院は七年衆議院は四年を以て任期とす。

特別の原因

(二)、解散、解散の事に就ては後章に詳述すべし。解散は一般議員の資格を其任期滿限前に消滅せしむるものなり。

(乙)、特別の原因とは各議員が其地位を喪失する事由をいふ、此中四あり

(一)、官職、英國佛國等に於ては議員が官吏に任し又は昇任したる時は議員の資格を失ふものとす、然れども其官職が議員の職と相兼ぬる事を得るものなる時は再選せらるゝ事を妨けず。

(二)、辭職、英國に於ては議員は其職を辭する事を得ざるを原則とす、故に議員の職を辭せんとする時は一旦有名無實の官職に就きて殊更に其資格を消滅せしむるの手段を採る者多し。

(三)、議員たるに必要なる資格を失ひし時、此資格は前二節に詳述せり。

(四)、議院の懲戒權によりて除名せられたる時、懲戒權に就ては後章に說く所あるべきを信ずるが故に此處には之を略す。院內の懲戒は議院に專屬するものなり。

第四章　國會の成立

序説

國會は如何なる資格を有する者が如何なる方法によりて集合せる團躰なるかは既に論述せし所に依りて略ぼ明かなるべし。次に斯くして集合せる團躰が如何にして開議するかが第二の問題にして、如何なる事項に就て開議するかが第三の問題たり。本章に於ては即第二の問題たる國會の開議に關する法律上の要件を論ぜんとするなり。而例に依て節を分つ事四、開會、停會及び休會、閉會、解散を順次に説かんとす。

此には國會の成立なる語を用ひて、國會の開議に關する法律上の要件を説くの題目となせり、之を各院の成立なる語と區別す可し、各院の成立とは各議院法上の名目にして、こゝに所謂成立なる語と意味同じからず、本章は上院又は下院の成立を説くに非ず、開會、停會、閉會、解散等を論ずるなり、誤解を防がんが爲に特に一言す。

第一節　開會

召集

本節に於ては國會は如何なる形式を踐行して開議を始む可きかを論ず。國會は常に斷えず集會せる合議躰に非ず、時々開會する事を要す、開會するの法二樣あり、一は一定の時期に議員自ら會合するものにして、他は特に召集を要するものなり、

召集を要せざる國

(甲)、召集を須たざるもの、佛國は其著るしき一例たり、該國に於ては通常會は特に召集を要せず每年定期即一月第二火曜日に於て當然會合す、其他二三の場合例へば大統領の任期滿限前十四日又は大統領の死亡辭職等の時に於ても召集を須たずして會合す。大統領は此外何時たりとも臨時會を召集する事を得、而若し上下兩院議員各過半數の請求ありたる時は國會を召集する事を要す。此種の會合は英國に於て例外として一の場合に行はる、國王崩御の場合是なり、此場合に國會が停會又は閉會中なる時は直ちに再び集會し、若し解散後新らしき國會が未だ成立せざる時は、其解散せられたる國會は當然復活し、更に解散を命ぜらるゝか又は閉會を命ぜらるゝに非れば六

ヶ月間其職務を行ふ事を得。

召集を要する國

(乙)、特に召集を要するもの、英國普國及び我國是なり、而我國は英國の如く例外を認むる事なし故に元首の召集を須たずして議員が集會したる場合には、之を認めて國會となす事を得ず。召集の權は専ら君主に屬す、故に他の召集は國法上有効なる召集に非ず。

召集權の制限

元首は議會を召集するの權を有す、而元首の召集權には二三の制限あり。

(一)、臨時會の外每年一回通常會を召集するを要す、英國に於ては少くとも三年に一回召集するの規定あれども、陸軍《アーミー》條例《アクト》及び豫算は每年之を定むる事を要するを以て、實際に於ては每年召集するの必要あるなり。普國の憲法には每年召集すべき常例の期日を定む、十一月上旬より一月中旬に至るもの是なり、且必要ある每に臨時會を召集す可き事を規定せり。帝國憲法第四十一條及び第四十三條も每年國會を召集し且臨時緊急の必要ある場合に臨時會を召集す可き事を規定せり。

(二)、又議會解散後一定の期限間に召集する事を要す。其期限は諸國各其軌を一にせず、普國に於ては九十日、我國は五ヶ月間なり、而佛國に於ては二ヶ月以內に選擧會を開き選擧の結了後十日以內に議會を召集する事を要す、唯英國は例外にして一定の期限なし、其長短は時の事情によりて種々異同あるものとす。

此解散後に開く可き議會が通常會なるか又は臨時會なるかは一の問題にして歐洲學者の夙に論議せし所に係る、而我國に於ては此問題は會期に關して重要なる結果を生ず、何となれば、憲法は國會の會期を定めて三ヶ月とし臨時會の會期は敕命によりて隨時之を定むる事となせるを以てなり。我國に於ては目下、解散後の議會は通常會に非ず何となれば定期に開くものに非ればなり、又臨時會にも非ず、何となれば臨時緊急の必要ありしに非ればなり、故に解散後の議會は通常會にも非ず臨時會にも非る一種特別の議會なり、之に就ては別に會期に關する規定なきを以て君主の大權に由り自由に之を定むるを得、といふ說に一定せるが如し。然れども予は他の大部分に於けるが如く此問題に就ても一木先生の說を諸君に紹介せん事を望むものなり、先生の說の大要に曰く、憲法第四十三條は臨時緊急の必要ある場合に於て臨時會を開く可き事を規定し、同第四十五條は解散後五ヶ月以內に議會を召集せざる可らざる事を規定せり、故に解散後五ヶ月以內に每年一回開會す可き議會を開く事を得ざる事情ある場合には、即ち解散といふ臨時の事實により通常會期を待たずして開會せざる可らずといふ憲法上の必要を生ぜしものにして、第四十三條に規定せる臨時會の要件は全く備はれり、之を臨時會と稱するも何の不都合かあらん。之に反して、每年一回開く可き議會を解散後五ヶ月以內に開く事を得る場合には直ちに通常會を開くも差支なし。要するに解散後の議會は場合によりて臨時會なる事あり通常會なる事あり、憲法第四十五條は其種類の如何を問ふものに非ず、通常會と臨時會とは其會合の時期並に會期を異にするの外相異なる事なし。

召集の手續

召集の手續に就て倘少しく言ふ可き事あり。召集は敕命を以て之を行ふ、元首の大權たる結果なり。英國に於て新議會を開く時は少とも三十五日前に各上院議員に對して召集の敕諭を發し、又選擧長に對して選擧の命令を發す。佛國に於て

開院式

は國會を召集するは大統領の命令を以てし、普國に於ては敕令を以てす、而貴族院議員に對しては各別に召集狀を發するを例とす。我國に於ても國會を召集するは敕諭を以てし、集令の期日を定めて少くとも四十日前に之を發布す可きものとす。斯くの如く召集令は各議員に對して發せずして一般に公布する命令を以てすと雖、召集令の性質より之を論ずれば、こは一般臣民の遵守す可き規定に非ずして各議員の遵奉せざる可らざる處分令なり、彼の議院法は召集令を目するに敕令を以てせずして敕諭を以てするも此理に由る、故に召集せらる可き議員が存在せざる時、例へば國會の解散後未だ選擧を終了せざる場合の如きは召集令を發するを得ず、隨て選擧を了りし後少くとも四十日を經ざれば開會するを得ず。

以上所述の如き方法によりて召集せられたる國會が開會するには、佛國に於ては別に儀式を要せずして當然開會す、是れ寧ろ例外に屬す、之に反して多數の國に於ては之れが爲に一定の儀式を踐行する事を要す、之を開院式と稱す。英國普國等に於ては開會を命ずるは元首の權にして、元首は兩院を會同し、或は自ら

結論

議場に臨み、或は代理者をして出席せしめ、勅語によりて開會す、我國の議院法も勅命を以て開會の日を定め兩院議員を貴族院に會合せしめ以て開院式を行ふ可き事を規定せり。此開院式なるものは一の儀式たるに止らず。元首が國會の開會を命ずる方法なるが故に、國會は此式によりて始めて開會したるものなり、隨て會期も此日より起算せらる可きものとす。

以上論述せし所を概括すれば凡左の數條となる、

(一)、佛國を除くの外原則として元首は臨時會の外毎年一回及び解散後一定の期限内に勅諭を以て議員を召集す、

(二)、國會が召集せられたるのみにては未だ開會せりといふ可らず、開院式によりて始めて開會するものなり。

(三)、開院式は亦元首の行ふ所たり、故に開會を命ずるは元首の權にあり。

(四)、會期は此開院式の日より起算す、

第二節　停會及び休會

停會と休會とは相酷似す、故に本節に於て併せ論ずるを便宜とす。

國會開會の効力を停止する事を停會といふ。停會は開會の効力を停止するに止る、故に停止の期限經過すれば別に召集を要せず又開院式を須たずして開議するを例とす、而會議の組織は毫も變更せずして議事も停會前の議事を繼續するものとす。停會を行ふは、或は解散の豫備たる事あり、或は議場の紛雜を防がんが爲にする事あり、或は議事繼續の準備を整へんが爲にする事あり、而之を命ずるは元首の權に屬するを原則とす。但例外として英國の國王は國會の停會を命ずるの權なし、唯各院各別に議決によりて延會する事あるのみ、而元首が停會を命ずの權を有せる國に於ても此權は多少の制限あるを例とす。佛國に於ては停會は一ヶ月を超ゆるを得ず、又同會期中二回以上之を行ふを得ず。普國に於ても停會は三十日を起ゆるを得ず、又同會期中二回以上を行はんとする時は兩院の同意を得る事を要す。外國の議院法は停會の毎回十五日以上に亘る事を禁ずれども其回數に就ては法律上の制限なし、何回之を行ふも不法といふを得ず。

停會中は會期中に算入ず可らず、隨て議員は停會中身躰の自由に關する特權を享有するを得ず、抑々會期とは法律上會議を開く事を得る期限なり、然るに停會中は法律上會議を開くを得ず、又會期中議院の許諾なくして逮捕せらるゝ事なしとは、議院の許諾を得れば逮捕する事を得といふ事を認めたるものならざる可らず、然るに停會中に議院の許諾を得るの途なし、隨て停會中は議院の許諾なくとも逮捕する事を得る事となる、故に停會中に會期中に算入せざる佛國の慣例を採るを可とす。然れども今我國は此反對説を採る事に決し、停會中をも會期中に算入せり、獨乙の學說に從ひしなり。

解散後の貴族院の停會

衆議院が解散せられたる場合に於て貴族院に停會を命ずる事あり、此停會は本節の題目たる停會と其名を同しくするも其實に於ては大に異なり。抑々會期は兩院に通ず、各院の會期なるものなし、故に國會の開會閉會及び停會は兩院同時に行ふ可きものなり、衆議院が解散せられたる時は、貴族院が獨會期中にありといふを得ず、改選後更に召集せられたる時貴族院が獨りもとの會期を繼續せりといふを得ず、要するに此場合に於ける貴族院の停會は其實閉會と結果を同しくす、故に解散後更に開會したる場合には、貴族院も停會前の議事を繼續する事なく全く新に議事を始めざる可らず。我國の議院法は明に之を規定す。又此場合には貴族院に於ても解散前に於て否決せし法律案を提出する事を得、會期が新になりしを以てなり、又解散後の貴族院の同會中に其議員は身躰の自由に關する特權を享有するを得ず、既に同會期中といふを得ざるを以てなり。

休會

本節に於ては停會の外別に休會の事を說明するを要す、休會一に延會と稱し、停會が元首の命によるものなるに反し、休會は議院が自ら處決するものなり。會期內に於て會議の時日を定むるは各院の自由なるが故に、開議の日と日との間に何日の期間を有するも亦各院の自由なり、休會は此權に基くものにして、或は休暇の爲に或は議事の準備の爲に、自ら議決して議事を中止するに外ならず、英國に於ては停會なるものなく、停會（アヂヲメント）と稱するは即休會の事なり、休會は實際の結果に於ては停會と大差なしと雖、其國法上の性質は左の三點に於て異なり、之を辨別する事必要なり、

停會と休會との差異

（一）、休會は國會が實際議事を爲さゝるに過ぎず、停會の場合には國會は國法上議事を繼續するを得ず、

（二）、停會は國會に屬する一切の議事を停止するものなり、休會の場合には委員

會等は其議事を繼續するも妨なし

（三）、停會は兩院同時に之を行ふことを要す、休會は各院の自由に出づ、兩院同時なるも同時ならざるも全く自由なり。

英國の休會

英國に於ては休會ありて停會なき事前述の如し、即英國の國王は國會の停會を命ずるの權なし、各院各別に議決によりて休會する事あるのみ。尤實際に於ては國王の希望に由り兩院同時に休會する事なきに非れども、國會は必しも國王の望に副はざる可らざる義務なし、唯議院が十四日以上休會したる時は國王は樞密院會を以て時日を定めて、國會の豫定せる期日前に之を召集する事を得、然れども少くとも期日の六日前に於て召集せざる可らず。

第三節　閉會

元首は會期の終了するを待て國會の閉會を命ず、是れ通常の場合なり。

閉會の效力及其及ぶ範圍

閉會は開會の效力を消滅せしむるものなり。閉會は會期を終了す、故に會期不繼續の原則が適用せられ、未だ一院の議決を經ざるか又は本來兩院の議決を經べきものにして未だ兩院を通過せざる一切の議案は皆消滅に歸す、故に次の會期に於て同一の議案を議せんとする時は更に初より順序を經て之を議せざる可らず、反之既に兩院の議決を經たるものは、裁可の有無に關せず、更に議決するの重複手段を要せず。

閉會の効果は唯り本議會のみならず又委員會にも及ぶものなり、故に國會閉會すれば委員會議も亦當然結了したるものとす、是れ原則なり。例外としては大臣彈劾の場合の如き猶委員會を繼續する事あり、又各院は政府の要求又は同意を以て國會閉會の間に委員をして議案の審査を繼續せしむる事もあるなり。

閉會を命ずるは元首の大權に屬す、而會期に關する規定は之に對する制限たり。例へば佛國に於ては通常會期は少くとも五ヶ月に亘るを要す。故に大統領は五ヶ月以內に於ては閉會を命ずるを得ず。帝國憲法によれば閉會は三ヶ月內即會期中に之を命ずる事を得ず、又三ヶ月以後會期を繼續したる後閉會を命ぜんとする時は豫め會期を延長せざる可らず。

會期の盡きし時は國會は當然閉會する者なるか又は元首の命令を要するものなるか、是れ少しく辯明を要する問題たり。抑々會期とは閉會より閉會に至る期間をいふ。而閉會は元首の命ずる所なり、故に會期を三ヶ月となすといふ規定は即元首が開會を命ぜし時より閉會を命ずるまでの期間は三ヶ月なる事を要すといふ事を定めたる者なり、故に國會は閉會を命ぜらるゝまでは依然として開會し、唯事實上三ヶ月を經過したりといふ事を以て當然閉會するものに非ず、但議員の任期滿了したる時は議員の資格消滅するを以て別に閉會を命ずるを要せざるなり、是れ自ら別問題に屬す。

第四節　解散

最後に解散の事を論ぜざる可らず。

解散の効力及其及ぶ範圍

解散は、一般議員の資格を其任期滿限の前に消滅せしむるものなり。閉會、閉會及び停會は兩院同時に之を行ふを原則とするに反し、白耳義和蘭等一二の國を除くの外は皆下院に限て之を行ひ、上院に及ぼさゝるを例とす。

解散の目的

英佛等の諸國に於ては國會の多數によりて内閣を更迭するの慣例あり、是れ政治學上所謂責任内閣の常なりとす、然れども國法上より之を觀る時は國民は直接に國家の實質上の政治に參與するものに非ず、其解散後の選擧に參與するは國家機關の組織に參與するにあり、選擧人の職務は國家の政治に參與するに適當なる議員を指定するにある事前に辯明せしが如し、解散は決して政治の得失を國民に訴ふるに在らざるなり、

解散の手續

解散は前議會に比して組織の良好なる議會を得る事を望んで之を行ふ、是れ政治上の主たる目的なるべし、然れども往々斯る特別の目的もなく、單に手續上の便宜の爲に之を行ふ事あり、例へば會期の長き國會を召集するの必要を生じたる場合に、議員の任期滿限の時期切迫せる時は、會期の中途に於て議員の資格消滅するの不便あり、之を避くるが爲に直ちに解散を行ひ、改選を了りたる後に國會を召集する事あり、

解散を行ふは元首の權に屬す、英國に於ては解散を行ふの前に國會を閉會し、其際閉會に續て解散を行ふ可き事を告知し置き、次で勅令を以て解散を行ふを例とす。普國に於ても勅命を兩院に下し、若し閉會中なる時は之を公布して解散を行ふ。佛國の大統領は上院の同意を得るに非れば之を行ふを得ず、大に制限せられたるなり。

解散を行ひ得る場合

解散は議員の資格を消滅せしむるものなり、閉會中之を行ふも毫も法律上妨ぐる所なし、之に反して議會を解散して總選擧を了りし後未だ一回も開會せざる前再び解散を行ふは憲法違反なり、何となれば憲法は解散後新に議員を選擧せしめて之を召集せざる可らざる事を規定せるを以て、選擧を了りたる時は少くとも一回は必召集する事を要すればなり、

第五章　國會の權限

序説　國會權限の性質

機關の職司

國家の統治機關は一定の職務を有す、機關は機關自身の爲に働くものに非ずして、國家全軆の爲に働くものなり、職務とは國家全軆の事務を或機關に分配したるものをいふ。或は之を職權と稱す、職權といひ職務といふ畢竟全一の事たり、各種の機關併存し、一の機關の職司は他の機關の司る所と相牴觸するを得す、侵さず侵されず、此狀態を形容して職權なる語を用ひ來りしなり、機關に機關自身の權利なし、語を以て意を誤る勿れ。

國會の權限は憲法の明文に由る

國會は憲法上の機關なり、故に其職務の範圍は憲法によりて分配せらる。國會の權限は憲法の定むる所なるが故に法律命令を以て之を變更するを得ず、もとより自己の決議を以て自己の權限を伸縮するを得ず、國會の權限の變更は憲法其ものゝ變更となるなり。是れ國會を以て主權者となさゞる國躰に於ける通則たり、反之英國は國會を以て主權の一部を有する者とす、故に自己の決議を以て自己が直接に働く範圍を定むる事を得、職權に非ず、機關に非るが故なり、英國の國會は主權者たり、主權の權限なるものある可らず、權限は機關に分配せられたる國家事務の範圍なり。英國の國會はしかく特別なる地位にあるを以て姑く之を論ぜず、國會を以て統治機關となす國に於ては國會は一定の權限を有す、故に憲法の明文に列擧して附與せられたる事項に非るよりは何等自由に活動する餘地なし、一に憲法の明文によるなり。

國會權限の種類

今諸國の憲法を通覽するに、國會の職司として與へられたる事項頗多し、之を大別すれば、參政權及び院屬權の二種となる。參政權とは國會が國家の政務に參與する權限なり、院屬權とは各院内部の整理に關する權限なり。共に憲法上に列記的に掲げて國會の權限として與へられたるものなり、參政權といひ院屬權といふは概括的の名目なり、國家の政務に參與する形式も種々あるべし、議院内部を整理するの方法も亦種々あるべし、以下節を分ち更に欵を設け、一々に就て縷述すべし。

第一節　參政權

序説

國會が政治に參與するは主として立法の事に在り、故に或は國會を稱して立法府といふ、是れ三權分立主義の骨髓たるものなり、然れども國會は啻に立法に參與するのみならず、財政等の行政にも參與するものなり、換言すれば國會の參政權は其實質に於ては無限なり、唯其政務に參與するが爲に有する手段に至ては憲法上の制限あり、即形式上無限なる克はず。此等の手段を列擧すれば凡六あり、議定、協賛、承諾、上奏、建議、報告を得る權、諸願を受理する權、起訴、裁判、撰擧、是なり、以下七欵に分て之を論ず。

第一欵　議定

民主政體の國に於ては法律は國會の議決によりて確定す、故に共和國の國會は立法議定權を有すといふ。立權君主の政體に於ては裁可ある事を要し國會は單に協贊の權を有するのみ、以下說く所によりて自ら明かなるべし。

第二欵　協贊及び承諾

協贊

本欵に於て協贊幷に承諾併せ述ぶるは比較硏究の便宜を旨とするなり。英國を除く外總て立憲君主國の國會は單に法律に協贊するものなり、其協贊の性質は次項承諾との異同を辨ずるを俟て會得すべし。

承諾

承諾には事前のものと事後のものとの二種あり、事前の承諾とは議員の逮捕に對して許諾を與ふるが如きをいひ、事後の承諾とは緊急命令又は豫算に關して承諾を與ふるか如きをいふ。事前たると事後たるとを問はず、承諾は協贊と其性質を異にするものなり。即協贊は國會が積極的に欲する事を表示す、國會が一の法律に協贊する時は、國會は啻に消極的に其法律の發布に異議なき事を表示するのみならず、又其必要を認めて其發布を欲する事を表示するなり、即立法機關として働くなり、立法の利益の爲に其意思を表示するなり、協贊は此性質を有

協贊と承諾との差異

承諾の効果

す、故に修正權を包含する事を妨げず、又事後の協贊なる事はあり得可らざるなり。

承諾は之に反して單に消極的に異議なき事を表示するものなり。例へば議員の逮捕に關して承諾を與ふるは議院自ら議員の逮捕を望むに非ず即司法の利益の爲に之に參與するに非ず、議員の逮捕に異議を唱ふる事を得るのみにして、議院の獨立を維持するが爲に司法權の行使を制限するなり、司法機關として活動する積極の作用と異なるを見るべし、承諾は此性質を有す、故に承諾は議院が自ら發案するに非ず政府が要求するものなり、又修正を加へて承諾するは不承諾と同じ、承諾には修正を容れざるなり。此承諾には事後の承諾といふ事あり得べし。事前の承諾を要する場合には不承諾の結果は其行爲を行ふ事を得ざるに在り、之に反して事後の承諾を要する場合には、緊急命令の如き將來に效力を保續すべきものに在ては、不承諾の結果は將來に向て之が效力を失はしむる事に在り、而豫算外支出の如き將來に效力を保續せざるものにありては、不承諾の場合には國會は質問、上奏又は彈劾等の憲法上の手段を利用して異議を唱ふる事を得。

協贊の效果

承諾の效果は右述ぶるが如し、而協贊の効力に就ては後卷國家の機能立法の編に於て說明する所あるべし。故に此に之を省く。協贊は法律案を確定する力を有するものなり。

第三款 上奏及び建議

上奏

上下兩院は元首に對して上奏の權を有す、或は立法若くは行政上改良を希望するに出る事あり、或は國務大臣等の違法又は不當の行爲を非難するあり、然れども元首は必ずしも之を容るゝ事を要せず、又必すしも敕答を與ふる事を要せず、唯憲法上上奏の權を認めたる以上は少くとも之を拒絶して受領せざるは憲法違反なり、上奏は此他或は單に儀式に止る事あり、祝辭を奏し吊詞を上るが如き此類なり。

建議

上奏との區別

我國に於ては上奏の權の外尙政府に建議する權を認む、建議も立法に關し又は行政に亘りて希望を述ぶるものなる事上奏に類似すと雖、其相異なる點二あり、即一には既往に遡らずして將來に對する希望を述ぶるのみなる事、二には直接に元首に向てせずして國務大臣を通じて之を爲す事なり。又建議は同會期中再度之を行ふ事を得ず、明文によりて禁止せらるれば也。政府が此建議を受領するの義務を有するは上奏の場合に於けると異なる事なし。

第四款　報告を得るの權

諸國の憲法は議院が國務大臣に對して質問を提出するの權を有する事を認む、然る時は上奏又は建議に對するとは異にして、國務大臣は必之に對して答辯をなす事を要す、墺國及び和蘭、白耳義等に於ては議院に國務大臣の出席を要求するの權を與へたり、然れども答辯の實躰如何は法の規定する事を得ざるものにして又規定せざる所なり、故に國務大臣は更に其事實を報告するを得すと答辯するも法律上差支なし事項によりては議院は要求する事を要せずして政府の報告を得るの權あり、決算報告の如き是なり。

英國、佛國及び和蘭、白耳義等の諸國に於ては、審査委員を設け證人の陳述を求め又は直接に行政官廳と照會するの權を議院に與へ、普國に於ては各議院審査委員を設くる事を認む。我國に於てはすべて此等を禁止すると同時に政府は秘密に亘るもの丶外は各議院の要求により報告を與ふべき義務ある事を規定せり。

第五欵　請願

國會は政治上國民を代表し、國民と政府との間に意思の連絡者たり。故に各議院が人民の請願を受理して、其採擇すべき理由ありと認むるものは之を政府に通達するの權を有する事も亦諸國々法の認むる所なり、請願に廣狹二義あり、廣義に於ける請願とは自己の利益又は一般の公益に關する事項に就て將來に向て國家機關の行爲又は不行爲を求むるものなり、此中人民の利益又は權利の侵害を救濟するが爲に行政官廳に對する監督權に基いて處分を求むる事を訴願といふ、訴願は議院の受理すべき限にあらず、議院は行政官廳に對して監督權を有するものに非れば也、此訴願の外に尙立法等の手段によりて救濟を求むる事あり、之を狹義の請願といふ、議院の受理し得るは此躰の請願にして、而又之に限るなり、請願の目的は國家機關の將來の行爲不行爲に在り、故に直接又は間接に請願の目的たる行爲に參與する事を得る權限を有する機關の外は之を受理するを得ず、是を以て我國の議院法は議院が司法及行政裁判に干與する性質の請願を受くる事を禁せり。

第六欵　起訴及び裁判

國務大臣彈劾の制度ある國に於ては下院若くは兩院又は各院に起訴の權を與ふ、是前に述べし所によりて明かなるべし。我國に於ても議會に對して公然誹謗侮辱したるものは其罪を論するの規定あり(明治廿二年法律第二十八號)

諸國の上院は又往々裁判の權を有す。例へば英國の上院は高等裁判所の裁判に對する上告を裁判すべき最高裁判所たり、而又貴族の叛逆及重罪を裁判し、及び國王の命に依て貴族の爵に關する爭論を裁判するの權あり、我國の貴族院も亦爵に就て裁判す。佛國其他諸國の上院が政治裁判所として下院の彈劾に基く裁判を下す事あるは前陳の如し。

第七欵　選擧

諸國の國會が攝政を選擧するの權を有する事は攝政の制度に就て述べしが如し。又佛國の國會は大統領を選擧す、上下兩院會同して國民會を開き、投票の過

半數を得たるものを以て當選者となすなり、

第二節　院屬權

序說

議院は政治に參與するの權限の外、尙ほ議院の內部の事項に關する權限を有す。之を稱して院屬權といふ、分て四とす、內部の整理に關する規則の制定、執行、院內の警察、懲戒、職員の選任、議員資格審査の權等是なり。

第一欵　規則の制定及執行

各院は議事規則其他內部の整理に關する規則を定め及び之を實行するの權を有す、英國に於ては其規則の解釋は議院の爲す所を以て最確實なる標準とす、我國の憲法も亦此權を認む。此等の規則は獨り議員を支配するのみならず、傍聽人及び國務大臣政府委員をも拘束するの力を有す、但國務大臣政府委員は何時たりとも議場に出席し及び發言するを得るの特權を有するものなるが故に、內部の規則を以て之を妨ぐる事を得ざるは憲法の保障する所たり、其他の點に於ては院內に於ては國務大臣及び政府委員も其院の規則に從はざるべからず、是れ其規則の効力たり。

第二欵　院內の警察及び懲戒

院內の警察は各議院に屬し、議院自ら之を行ひ若くは議長によりて之を行ふ、此警察權は院內に於ける何人にも及ぶ、之に反して懲戒は一身上議院に屬する關係ある事を以て要件となすが故に、議員に對してのみ行はる。

例へば國務大臣は出席發言の特權を害せられざる限りは院內の警察權に從はざるべからざるも、院內の懲戒權によりて懲戒せらるゝ事はなし。

第三欵　職員の選任

佛國、普國等の國法に於ては議長、副議長其他の職員を選任する事は各議院に屬する權なり、英國に於ては上院は大法官を議長とし、下院は議長を選擧して國王の認可を請ふ、兩院共に副議長なし、大法官欠員なるか其他故障ある時は國王は代理者を任命する事を得、若し代理者なき時は上院自ら議長を選擧する事を得、普國佛國其他の諸國に於ては職員選任は專ら各議院に屬す我國は例外にして、兩院の議長は敕任たり、各院は候補者を選定して上奏するのみ、敕任によりて始めて其地位に就くものなり。

第四欵　資格審査の権

議員の資格を審査するは専ら議院の権限に屬す、我國の衆議院は資格審査の権を有すれども、選擧爭論を判決するの権なし、反之貴族院は共に之を有す、故に當選訴訟の起る時は貴族院に於て審査するの外なし。

第三編　裁判所

第一章　裁判所の地位

古へ裁判權は政府の干渉せざる社會的制度として社會の各部に分割して存在せり、例へば封建の諸侯は其家臣間の爭を決し地主は小作人に對して裁判權を行ひ家長が家族に對して之を行ひしが如き是なり。中央集權となるに及びて兵馬の權警察の權が早く中央政府の手に歸せしに反し、裁判權は猶獨立せる團躰に留存せり、佛國に於て最著るしく其形跡の歷然たるを見る、大革命前の裁判所は一の獨立團躰を成し、其團躰の社員たる地位即裁判官たる地位は或種の人の特權として世襲する所にして、君主も之を奈何ともする克はず、獨立の權力として王室に對抗し、相軋轢せし結果所謂大革命となりしなり、三權分立論は此時の思潮を明かにす。司法權の獨立と稱するもの即是なり、然るに大革命及び之に伴ふ諸國の革命は封建的制度即團躰的楷級的特權を打破し、國民をして直接に唯一絶對なる主權に服從せしめ、立法司法行政の權をすべて中央に統一したるなり、國權は唯一なり、司法權は獨立したる權力に非ず、國權の行動なり、唯憲法に於て此國權行動の形式を定め、司法權を行ふは裁判所により、他の立法行政と之を司る機關を區別し、職司の範圍を守らしむる狀態を指して司法權の獨立若くは裁判所の自由といふ事あるのみ、裁判所は統治の機關たる地位に在る事政府及び國會と異なる事なし。但機關として國權を行ふの形式が他の機關と同しからざるものあり、即裁判所は君主の名に於て司法權を行ふ(立憲君主國に就ていふ)是れ沿革的理由に基く規定たり、前述の如く從來司法權は君主の權力以外にありしものを君主の權に結付けんとしたるの結果なり。

第二章　裁判所の權限

裁判所の權限とは即司法權なり。司法權は國家の機能の一たり、躰裁上須らく次卷に於て之れが爲に一編を割くべし、故に玆には之を省く。

第三卷　國家の機能

序說　國家機能の三形式

國家の機能は即統治の作用なり、統治は即權力の關係にして、統治する主躰あり統治せらるゝ客躰あり、其間に權力が行はるゝ事を統治といふ。國法學は統治の大則を論究する學科たり、而第一卷に於て統治の主躰及び客躰を論し、第二卷に於て統治の機關を說き了りしが故に、玆に第三卷に於ては此主躰が機關に依りて客躰を統治する方法形式に就て硏究すれば、統治の關係は全く說明し了る事となるべし、而本書の目的とする所も亦完了するなり、國家は一定の機關を設け、或種の國權の行動は必一定の機關に由りて行はるべき事を憲法上の要件とす、於是國家の機能が立法行政司法の三形式に分るゝなり、所謂三權なるものが獨立の權力なるに非ずして、唯一絕對の力たる國權が機關を透して行動する形式の名目たる事は前に屢次述べし所なり。

實質上の意義
形式上の意義

第一編 立法

序說

國家の三種の機能の一たる立法は法律を定むるの機能なり、法律なる語の解釋は古來學者間に種々の異論あり、先づ根本的に此語の意義を一定するの後に非れば、立法の機能を說明し難し。故に第一章に於て法律の意義を論じ、次に其制定廢止の手續等に及ぶべし。

第一章 法律の意義

法律なる語は之を實質上の意義に解する事あり、法律とは法規を定むる國家の命令なりといふ是なり。又は之を形式上の意義に解する事あり、法律とは議會の協贊を經たる國家の意思表示なりといふ是なり、此兩樣の意義は相一致するものに非ず、實質に於て法律なるも形式に於ては命令なるあり、警察命令の如き其一例なり、或は形式に於て法律なるも實質に於て法規を定むるものに非るあ

實質的効力

形質的効力

り、領土變更の法律の如き是なり。加之諸國憲法の明文に徵するに、法律なる語は必しも實質的意義若くは形式的意義に一定して用ひらるゝものに非ず、或は實質的に解するを要する場合あり、或は形式的意義に解せざれば其意を得るに難き場合あり。要するに實質及形式兩ら其意義は全豹に亘る解釋と見る可らず。

予は是に於て効力により法律と命令とを區別するの便利にして且つ解し易きを思ふものなり。請ふ少しく之れを說かん、抑〻効力に實質形式兩樣の別あり、實質的効力は法律命令互に異なるものあるを見ず、二者共に臣民を拘束する力を有するものなればなり。然れども形式的効力に至ては大に異なるあり、二者を區別し且法律の意義を一定するの標準此に在て存す。法律は最強き形式的効力を有する國家の命令たり、最强効力に二要素あり、法律を以てするに非れば廢止變更するを得すといふもの其一なり、新法は之れと牴觸する舊法を廢止變更すといふ其二なり、緊急命令は後段に述べんとするが如く自己の効力により法律を廢止變更するを得れども、緊急命令の廢止は必しも法律を以てする事を要せず、故に緊急命令は最强効力の要素を欠ぐ、而普通の命令に至てはもとより此等の要素を備へす、以て法律の意義を明かにすべし。

之を要するに、法律は法律を廢止變更する事を得、而法律に依らざれば廢止變更せらるゝを得ず、即法律は最强効力を有する國家の命令なり、最强効力を有するものなるが故に議會の協賛を要する事とし、最强効力を有するものなるが故に臣民の自由に重大の關係を有する事項は法律を以て之を規定するなり、諸國憲法の規定一として此意義に依て說明し得ざるものなし、本書法律と稱する亦此意義に從ふ。

前に國法の淵源を論ずるに當り、法律及び命令と題して少しく此事に論及せり、然れども未だ詳密なる說明をなすの順序に至らざりしを以て、或は論者の誤解を招く事なかりしかを虞る、本章に於て猶詳しく論述せん事を期せしと雖、全書の一部として紙數自ら限あり、他の部に於けると同じく、亦た唯至當なる學說を擧ぐるに止め、他の諸學者の說を辨駁するを得ざりしは、私かに著者の憾とする所なり。

第二章　法律の發案

定義

發案とは憲法上法律を制定し又は法律の制定に參與する機關に對して法律案を提出する事をいふ。

發案權及之に對する制限

發案權は政府並に各議院に存するを例とす。我國及び英國、佛國、普國等皆然らざるなし、而概ね之に對する二三の制限あり。

(一)、財政法案は先づ下院に提出するを要す、是れ英國の慣習にして又佛國、普國等の憲法に明記する所なり、我國は豫算を以て法律と看做さず、故に仝樣の規定ありと雖、法律の發案權に對する制限とはいふ可らず。

(二)、同一の法律を同時に兩院に提出する事を得ざるは少くとも我國議院法の精神なり、獨乙に於ては學說一定せず。

(三)、一院に於て否決したる法律案は同會期中再び提出するを得ず、佛國に於ては政府の發案權に對して此制限なし、我國の憲法は普國と殆同じく、此禁令を設けたり、唯普國の憲法は裁可を得ざる法案に對しても此禁令を及ぼせるに反し、帝國憲法は之に就て規定する所なきの差あるのみ。之を規定せざるは規定するの必要なきが故なり。我國の憲法に於ては裁可を與ふる時期に就て制限なし而裁可を經る迄の間は法案は依然として存在し決して消滅せず、又議院法に於ては兩院の議決を經て奏上したる議案にして裁可せらるゝものは次の會期までに公布せらるゝ事を規定せり、故に次の會期までは元首は何時にても裁可を與ふる事を得それまでは法案は消滅せざるなり、抑々發案とは未だ成立せざる法案を新に成立せしむる働なり、未だ消滅せず現に成立せる法案を新に成立せしむるといふは不可能の事なり、故に裁可を得ざる法案は全會期中再び提出するを得ず、裁可の性質上法律等の性質上當然の事たり、故に特に明文を掲げざるなり。

(四)、憲法變更の法律に關する發案權に對して制限ある事は前に述べし所によりて明かなるべし。

第三章　法律案の議決

法律案が議院に提出せられたる時は、兩院は各之を修正し及び議決するの權を有す、但し英國、普國等の諸國に於いては上院は財政法案に對して修正の權なし。

兩院の一が法律案を提出したる時は、是れ即其院が之に協贊したるなり、故に更に之を其院の議決に付するの要なく、又其院は之を撤回するを得ず、之に反して政府より提出せし法律案は、兩院の同意を得たる後と雖、之を裁可するとせざるとは政府の自由に屬す、故に政府は法案を提出するによりて其意見を確定したるものと見る可らず、何時たりとも之を撤回する事を得、又之を修正する事をも得るなり。

議院に於て法律案を議決するに當りては、其議決に必要なる通常の定足數及び表決數を以て足れりとすれども、憲法變更の爲には特別の手續を要する事、諸國憲法の規定する所、而前に既に說明せし所なり。

第四章　法律の裁可

法律の裁可を論ずるに當りては、之れを君主政躰國と共和國とに區別すべし、立憲君主國の元首は法律を裁可するの權を有す、裁可は單に立法權を節制するが爲に行政權に屬するものとなしゝは三權分立論に基く謬見なり、今日の發達したる國法學に於ては、裁可は立法を制限する消極の作用に非ずして、法律に効力を與ふる積極の行爲なる事、何人も否定する克はざる所なり。裁可を與ふるに英國にありては之を議會に通知するを要す、我國に於ては普國と同じく君主の裁可は國會に對して宣言するものに非ずして、法律の審署によりて之を與ふるものなり、法律の審署とは議會の議決せし法律案を寫取り、其前文に於て裁可を與ふ事を宣告し、御名を署し、御璽を鈐し、而法律に確定の形を與ふるものなり。獨乙皇帝及佛國大統領は法律を裁可するの權を有せざるに拘はらず兩國の憲法は之に審署の權を與ふ、故に兩國に於ては審署は裁可を與ふる方法に非ず、而國家の意思は合議體の議決によりて成立す、其完全に成立したる事を公證する事が審署の効力たるなり、我國及び普國等斯くの如き明文なき場合に於ては審署は單に裁可を與ふるの方法たるの外、何等獨立なる効力なし。

元首は法律を裁可し又はせざるの自由を有すと雖、一度之を裁可したる以上は之が公布を命ぜざる可らず、公布に關しては次章に説明すべし。

民主國
合衆國

民主政軆國の元首は裁可の權を有せず、合衆國の大統領は單に拒否の權を有するのみ、拒否の權とは行政を以て立法を節制するの權なり、法律に効力を與ふる行爲に非ずして之を制限するの行爲なり、兩院の議決を經たる法律案は元首の裁可を要せずして法律となり、大統領が之を拒否せざる限は當然法律たる効力を有する事となるなり。

佛國

佛國の大統領は拒否の權だも有せず、兩院の議決を經たる法律案は大統領に於て其回付を受けたる日より一ヶ月以内に之を審署する事を要し、兩院に於て特に緊急を要する事を議決したる時は三日以内に之を審署する事を要す。但此期限内に再議を求むるの權はあり。

第五章　法律の公布及び施行

本章に於ては便宜上公布及施行を併せ論ず。

公布

法律は國家の意思の表示なり、國家の意思は裁可によりて確定す、此確定した

施行

る意思を表示するの方法なくんばあらず、之を公布といふ、公布によりて法律が完成するなり、法律は處分令と異なり臣民一般に告知するを得べき方法によりて之を公布す、然れども事實果して臣民が之を認識するや否やは法の問ふ所に非ず。公布の權は元首に在り。

法律は公布によりて完成す、故に特別の規定なき時は公布の時より直に施行せられたるものと認む、英國にては更に一歩を進め國會に於て國王の裁可を得たる時より法律の効力を生ずるものとす、然れども原則としては、公布より施行までの間に一定の期間を存す是れ臣民に普ねく知らるゝ機會を得せしめんが爲なり、此施行期間は一般の法律に適用すべき普通の期限なる事あり、又は特別の法律に對し若くは法律の一部に對する特別の期限なる事あり。

第六章　法律の廢止

法律は法律によるの外廢止するを得ず、是れ法律の意義より生ずる固有の効力たり、此効力は法律の成立と同時に發生するものなり、故に法律が一旦公布せられたる以上は、未だ施行期限に達せざる間と雖、法律によるの外廢止するを得ず。

法律を以て法律を廢止する方法大躰二あり、一は直接廢止法にして他は間接廢止法なり。

直接廢止法

(甲)、直接廢止法、此中又二種あり。

(一)、法律を廢止する事を目的として法律を發する事。

(二)、後法は前法を廢止す。此法律の前後は公布の日の前後によるものにして施行期限の前後によらず。

緊急命令は法律に代る効力を有するを以て以上の二法の一によりて法律を廢止する事を得。

間接廢止法

(乙)、間接廢止法、こは廢止せらる可き法律又は後の法律の精神若くは明文に基き一定の事實又は立法以外の國家行爲によるものなり。

(一)、法律の目的たる物件の消滅したる時。

(二)、事情の變更により法律の規定を實行する克はざる時。

発除
停止

（三）、法律の効力の豫定したる消滅期限が到達したる時。
（四）、法律の委任に基き命令が之を行ふ場合。
法律は其一部又は一時に限り廢止せらるゝ事あり、発除及び停止是なり、発除とは特定の或事件に限り無効の行爲を有効とする事をいひ、停止とは一定の時期を限り全國又は一定の區域に對し後の施行を止る事をいふ、共に法律の効力の一部を廢止するものなるが故に、法律に特別の規定ある場合の外之を行ふ事を得ざるものとす。立憲政の初年に於ては未だ此事明かならず、行政機關が之を濫用せし例往々見る所なりしが、今日に於ては之を許さず、法律の明文による停止の例は戒嚴あり、発除には発税あり。

第二編　行政

序說

行政とは法律の範圍内に於て國權の行動する方法を總括して云ふ、此中命令を發する事、條約を締結する事、豫算を編成する事、及び其他所謂行政行爲なるものをすべて包含す、豫算は法律なりや否やは學説一定せず、果して法律ならば之れを論ずる須らく立法の編に於てすべし、予は斷じて之れを認めず、敢て行政の編に之を容る、豫算は法律に非すして行政なり之に就ての辯解は豫算の章に讓る。

第一章　命令

序說　命令の種類

命令の意義を既に之を述べたり、命令は法規を定むると否とにより、之を法規命令及び行政命令の二種に分つ、行政命令は單に官廳に對して命令するものなるを以て、之を發するの權は官制の規定に屬す、憲法上の規定となるは臣民に對して行爲不行爲を命ずる所謂法規命令なり、法規命令が法律に對する關係四種あり、隨て命令そのものに四種の分類を生ず、緊急命令、補充命令、委任命令、執行命令是なり。

法規命令

第一節　緊急命令

緊急命令の性質

法規命令が法律に對する關係を標準として區別すれば法規命令に四種あり命令の中法律に代るの効力を有するあり、之を稱して法律の力を有する命令といふ、又緊急の場合に限り發するものなるを以て緊急命令ともいふなり、國家の生活には非常の事變あるを免れず此等の事變に應ずるが爲に一々立法の常規に依るは往々事實上不能なる事あり、其已むを得ざる場合に應ずるが爲に英國佛國等の諸國は責任解除の制度を設く、即此場合に國務大臣の責任を以て必要の處分をなし後日國會に提出して責任解除を求むるなり。是れ本來違法の狀態に在るものを責任解除の法律を以て適法となす事なり。之に反して、我國及び普國墺國等に於ては憲法の中特に緊急命令に關する規定を設く、之に依て緊急命令を發するはもとより適法の行爲たり。

緊急命令を發するの要件

緊急命令を發する事を得る場合は左の要件を具備せざる可らず。

（一）、緊急命令を發するの必要ある事を要す、法律の範圍内に於て實際の必要に應ずべき手段あるときは之に依るべく、特に緊急命令を發するの必要ありといふを得ず。

(二)、國會の閉會中なる事を要す、開會中ならば通常の立法手續に依る事を得べきものと認むべし。

(三)、之を發するの必要緊急なる事を要す、次の議會を待つ克はざる必要ある事を要するなり。

(四)、其目的消極的なる事を要す、即公共の安全に對する危險を豫防する爲には公共の災厄を避くるが爲に必要なる事を要す、積極的に公共の利益を增進するに出でしものは違法なり。

此等の要件具備すれば元首は緊急命令を發する事を得、而憲法の規定に牴觸せざる限は、如何なる事項たりとも、例へば憲法上法律を以てする事を要すと規定せる事項たりとも、緊急命令を以て定むる事を得。

緊急命令の形式に就ては、普國墺國等の憲法は全内閣の責任を以てする事を要するの規定あるを以て內閣各大臣の之に副署するは當然なり、然れども我國の憲法は斯くの如き規定なきが故に、此の點に就ては一般の命令と異なるもののあるを見ず。

審査の權

緊急命令を發したる時は次の會期に於て之を國會に提出して其承諾を求むる事を要す、而之を國會に提出するは一の議案なり故に我國に於ては議院法の規定に由り先づ兩院中何れか一院に提出するを要す、同時に兩院に提出す可からざるなり。

憲法はすべて緊急命令は次の會期に於て國會に提出す可き事を定め其例外を設くる事なし、又事後承諾の結果は將來に向て効力の存續を定むると共に其行爲に對して國會の異議なき事を確定するに在り、故に緊急命令が次の會期の前に既に廢止に歸したる場合に於ては、其將來に向ての存廢を定むるの必要なしと雖も、尙國會の異議の有無を確定するの必要あり、是を以て假令次の會期の前に緊急命令を廢止するか、又は其の規定に係る事項が消滅したる場合に於ても必ず國會に提出することを要するなり、而普國墺國等の憲法に於けるが如く、全內閣の責任を以て之を發す可き事を規定せる場合は勿論然らざるを得ざるなり。

緊急命令を國會に提出したる時は、國會は其憲法に牴觸したる點なきや否やを審査するの權を有す、而こは事實上其必要ありしや否やを審査する權をも包含す、是れ元首をして憲法上の要件を守らしむるの保障たりといふ所以なり。而此審査すべき必要の有無なるものは緊急命令を發せし當時に於ける必要の有無を指すものなりや、又は國會に提出する時に於ける必要の有無をいふものなりやは一問題たり、現今の慣例は後說に一定せるに拘はらず、予は前說の至當なるを信ぜんと欲す、發布の當時必要なりし事を認むべき緊急命令は假に其當時に國會が開會中なりしとせば其時より法律となりしや必せり、果して然らば假令提出の時に及びて既に其の必要は消滅せるも國會は之れが承諾を拒むの理由を有せず、一旦承諾を與ふるの後更らに之れを廢止するの手段を採るの外なし。

國會の一院が否決すれば他院の議決を要せずして國會の不承諾となる事曾て述べしが如し、故に一院に於て不承諾の議決をなしたる時は之を他院に回附するを須たずして緊急命令は其効力を失ふ。國會が未た承諾を與すして閉會せし場合並に政府が之を次の會期に提出せざりし場合亦同じ、何となれば、緊急命令

緊急命令の効力

の効力を失ふは明かに承諾を拒まれたることを要せず單に次の會期に於て國會の承諾を得るを要すといふ要件を欠くによるものなればなり。

緊急命令が國會の承諾を得ざりし時當然其効力を失ふものに非ず立憲君主國に於ては國會の議決は直接に臣民に對して効力を生ぜざるを原則とするが故に國會の不承諾は當然緊急命令を廢止するの効なく單に元首が之を廢するの義務を生ずるに過ぎざるなり緊急命令は元首が之を廢することを公布するによりて始めて其効力を失ふ此公布は勅令を廢するものなるが故に勅令たることを要するものなり。

緊急命令は其廢止せらるゝまでは適法に成立したる有効の法規なり故に假令國會の不承諾によりて廢止せらるゝも廢止前に遡りて其効力を失ふとなし但其成立は條件付なり國會の承諾を得て始めて確定の法となるものなり故に之れと矛盾したる前の法律を廢止する事あるも其廢止たるや國會の不承諾を以て解除條件となすものなり不承諾の場合には此等の法律は當然復活すべきなり。

緊急命令は國會の承諾によりて當然其の效力を生ず、法律に代る效力を有する命令となる、法律を廢止變更するの力ある命令となる、然れども法律そのものとはならず、其の實質より觀れば法律と同じきも其の形式に於いては命令なり法律にあらず、故に必ずしも法律を以てするにあらざれば廢止する事を得すといふことなし、命令を以てするも可なり、之れに反して緊急命令を變更するに普通の命令を以てするは緊急命令を以て規定するを要する場合に普通の命令を代用することとなる、是れ違法たり廢止の場合と變更の場合とを區別して考ふべし

第二節　委任命令

委任命令の性質

憲法上法律を以て規定する事を要する事項に關しては、緊急命令の外命令を以て之を規定するを得ず、必立法の手段によるを常則とす、然れとも立法の手段は繼續的の法規を設くるに適當ならんも臨時の必要に應ずる變則的の規定を設くるに適せず、全國又は廣大なる區域に適用す可き一般の規定を設くるに適せんも地方區々の事情に應ずべき特別の事項を定むるに適合せず。而憲法は或

事項を規定するには必法律を以てす可き事を定むるも、其如何なる方法に由るべきかを規定せず、故に法律が特に命令に委任して或事項を命令中に規定する事あり、是れ立法權が一種の方法によりて其權を行ふものにして憲法上毫も牴觸する所なし、此場合に於て命令の規定に遵ふは即法律の規定に從ふ事となるなり。

斯くの如く委任命令は法律を以て規定するの一の方法として効力を有するものなるが故に、若し委任を與ふるの法律が廢止せらるれば其命令も亦當然廢止に歸す、形容していへば、形なくして影の存するなきが如し。

第三節　執行命令及び行政命令

命令は法律の規定なき事項に就て發するあり、法律の闕欠を補充するものなるを以て補充命令といひ、又行政の目的の爲に發するものなるを以て行政命令ともいふ。又命令は法律を執行するが爲に必要なる細目を定むるものあり、之を執行命令といふ、

法律の特別の委任に由るに非ず又緊急の必要に由るに非ずして元首が此等

消極的限界

一、立法事項

の命令を發する事を得る範圍に對しては消極的限界あり積極的限界あり、消極的限界の第一は憲法の規定なり、憲法は數多の事項に就て法律を以て規定する事を要すと定めたり、之を立法事項と稱す、立法事項は緊急の必要に由るか又は法律の特別の委任に由るの外大權の發する命令を以て之を規定するを得ず、然れども其臣民の自由に關する條項は普國佛國等に於ては往々戰時若くは事變に際して之を停止する事あり、之を戒嚴と稱す、我帝國憲法第三十一條は臣民權利義務に關する條項は戰時又は國家事變の場合に於て天皇大權施行を妨ぐる事なきを規定せり、而一方に於ては其第十四條に於て戒嚴の要件及効力は法律を以て之を定む可き事を規定せり、戒嚴の効力は戰時若くは事變に際して常法を停止するに在り、兩條の規定は相聯關す。第十四條は如何なる條件に由り如何なる程度まで常法を停止する事を得るかを定むるは法律を以てする事を要するの規定なり、第三十一條は元首が第二章臣民權利義務に關する規定に拘らず其戰時若くは事變の場合に關して戒嚴を宣告するの大權を行ふ事を得、其結果として大權を以て臣民の自由を制限する事を得といふの規定なり。

二、法律の占先

積極的限界

消極的限界の第二は法律の規定なり、現に法律を以て規定せる事は命令を以て規定するを得ず、若し之をしも命令を以て規定する事を得となさば、法律は命令を以て廢止變更せらるゝ事となる、是れ法律の法律たる性質に反し、法律と命令との意義を混同するものなり、法律は法律を以てするの外廢止變更す可らず、法律の先占區域には命令の侵入を許さゞるなり。

帝國憲法第九條は、法律の執行の爲にするの外に、公共の安寧秩序を保維し及び臣民の幸福を增進するが爲に必要なる命令を發し又は發せしむるを得る事を規定せり、此行政命令の第一の目的は保安警察の作用なり、第二の目的は內務行政の範圍を一致す、而財政兵制及び行政機關の組織は又之に必要欠く可らざる手段として其範圍內に屬するものとなす事を得、是れ命令權に對する積極的限界なり。之を要するに憲法の他の條項又は法律に牴觸せる限第九條の範圍內に於て命令を發する事を得るなり。

國法學の舊說にては、行政の目的は專ら法律を執行するに在り、隨て諸國の憲法槪ぬ法律の執行を以て行政權の發する命令の唯一の目的となせり、現に普國の憲法は此思想に基けり、佛國の憲法は大統領は法律の執行を監督し及び保障する事を規定せり。英國に於ては原則上法律の先占せざる區域に於て命令權なきに非ず、然れども法律の制定漸く繁く內地に屬する事項は多くは法律の先占する所となれるが故に、法律の特別の委任に由るの外命令を以て規定する事を得る範圍は極めて狹少なり。

第二章　豫算

序說

豫算は法律なりや否やは國法學上の大問題たり、故に先づ豫算の性質を明かにし、次に其成立する方法に就て說く所あらんとす。

予は豫算は法律に非ず行政なりとの見解を採る、故に豫算の事を論ずるは命令其他の行政行爲と同じく、行政の編に於てするなり。

第一節　豫算の性質

豫算とは國家の歲入出を見積りたる計算表なり、其實質よりいへば一の事實を豫想したる統計表なり、國會は之を議決するの權を有す、單に事實の統計表なる時は之を議決するの必要なし、之を議決するは豫算に形式的効力を保たしめんと欲するなり、形式的効力とは、國會が議決したるものは復た同一の手續によるものに非れば變更するを得ざるをいふなり、此効力あるが故に豫算の確定したるものは行政の權限にて變更するを得ず、我國の如く豫算は法律によるといふが如き憲法上の明文を存せざる國に於ては此性質は多言を要せずして明かなり、議論の生ずるは歐洲諸國の豫算の性質にあり。

歐洲諸國の豫算法は直接又は間接に其模範を英國に採れり、英國の豫算法は租稅承諾權に基くものなり、政府は議會の承諾なければ人民より租稅を徵收する事を得ずとする主義なり。佛國革命後の憲法は少くとも地租は毎年の法律を以て定むる事を要すと規定し、獨乙諸國に於ては租稅は皆法律を以て徵收する事を要すと規定せり。千八百三十一年の白耳義の憲法は租稅は毎年の法律に依て徵收す可き事を定め、又佛國に於ける實際の慣例を採用し、始めて憲法に於て豫算は毎年法律を以て定むるを要する事を規定せり、普國及び墺國の憲法は皆此白耳義の憲法に模倣せしものなり、但普國に於ては獨乙帝國と同じく、唯現在の租税は法律を以て廢止變更するまでは舊に依り徵收す可き事を規定せしのみにして、豫算は每年の法律によるとの原則を採らず、於是乎豫算の性質に就て學說紛出歸一する所を知らざるに至れり。

豫算は財政條件なり

予は大躰に於てラバンド氏の說に賛するものなり、凡國家は勿論團躰なると一私人なるとを問はず、豫め收入と支出とを比較して財政の計畫を立つるは、大なる財政を整理するに有用なる事なり、是を以て豫算は唯り立憲國に存在するのみならず、專制國に於ても同じく存在す、諸國の憲法は豫算は法律を以て定む可き事を規定せり、玆に所謂法律なるものは形式の意味に於ける法律にして實質の意味に於ける法律に非ず、實質上より觀れば單に財政の計畫なり、法規を定むるものに非ずして行政機關に對する命令なり、行政機關が自己の行爲の準縄として自ら定むる所の法規なり、豫算を定むるは立法に非ずして行政なり、而國會が此行政行爲に參與する結果は、豫算の變更は復た國會の議決を要する事となるなり。豫算の性質已に斯の如し、故に豫算を定むるは法令の範圍内に於てせざる可らず、豫算を以て法令を變更するを得ざるなり。故に又法律上必要なる組織を維持する費用は之を削減するを得ず。之を要するに豫算は法律に非ず、單に行政上の準繩たるに過ぎざるも、憲法が既に財政の準則を設けて、之に從て財政を行ふ可き事を規定せる以上は、此準則を設けずして又は設けたる準則によらずして財政を行ふは憲法違反なりといはざるを得ず。一言すれば豫算は法律に非るも國會の協贊を經て成立する財政の見積にして國家が收入支出をなすが爲に必要なる條件なりと解するを以て至當とす。

予は爾く簡單に豫算の性質を論斷せり、然れども此問題は學者の最困難を感ずるものゝ一にして從來有名なる諸大家の學說一にして足らず、今一々之を轉載し難しと雖、讀者研究の餘資となさんが爲に、こゝに其主要なる說の大要を擧ぐべし、

第一說はツチルンの主張する所、豫算を以て純然たる法律となし他の法律を廢止變更するの力ありとなすものなり、其說の大要に曰く、憲法が每年豫算は法律を以て之を定む可き事を規定せる時は、即國家の收入支出は皆常久なるものな

く、總て每年之を定む可き事を規定するなり、假令法律を以て常久の收入を設け又は常久の支出を定めたるものありとするも、後の法律は前の法律を廢止變更するの力あるを以て豫算を以て之を廢止變更するを得と、

第二說はレンチ及アルントの主唱に係る、豫算は收入支出の唯一の基礎に非ず、人民が租稅を納むるの義務は租稅に關する法律に由り既に成立せり、國家が人民に對して支拂を爲す義務も豫算を須たずして存在する事あり得べし然れども豫算は內閣に對して財政の全權を與ふるが爲に必要なるものなり、故に豫算が成立せざれば臣民は納稅の義務あるに拘はらず、時の內閣に全權なきが爲に之を徵收するを得ず、國家に支拂の義務はあれども時の內閣に全權なきが爲に支出をなす事を得ず。此場合に於ては內閣大臣は其職を他の立法機關より全權を委任し得可き望あるものに讓らざる可らず、是れ此說の大要なり、

第三說は第一說と異なり法律に基く收入支出は之を議決するの義務ある事を認む、又第二說と異なり豫算不成立の結果を內閣の更迭に歸する事なし、然れども豫算を以て財政を行はんが爲に必要なる條件となし、若し豫算成立に至らざ

る時は政府は法律上財政を處理するを得ざるものとす、ザイデル、エリチック、レンニヒ等之に屬す、稍予が見解に近きものなり。

第二節　豫算の成立

豫算は如何にして成立するか、及其不成立の塲合如何等が本節の問題也

第一欵　國會の豫算議定權

豫算は之を國會の議決に付するを例とす、然れども其範圍に就ては諸國國法の間に異同あり、英國に於ては常定の歳入歳出は毎年の議決に付せず、國會の議定する所は歳入歳出の中毎年異同ある部分に限る、此豫算法律なるものは適法に收入支出をなす可き必要條件なり、尤實際に於ては豫算法律の成立前に各箇の議決に基き支出を爲す事あるも、こは畢竟豫算法律の成立を豫期して支出を爲すものにして、若し豫算法律が成立せざるあらば、其會議の前に爲し﹅欵項の議決は總て無効に屬す。

佛國に於ては英國と異なり歳入出の全部を毎年國會の議に付し、國會が法律上必要なる費用を否決せし實例もあり。然れども費用の削除は當然法律を廢止

する効果を生ずる者に非ずして單に其實行を停止するに過ぎず、而翌年度に於て豫算に其費額を掲ぐる時は法律は自ら効力を復するものと認む。

普國に於ては一切の收入支出は毎年國會の議に付するものにして、國會が豫算を議するに當り法律の範圍內に於てせざる可からざるか否かは憲法の明文存せず、隨て種々の學説あり然れどもラバンド氏等の主張する如く積極説に從ふ可きものとするの至當なるは前述の如し、

我帝國憲法は豫算議定權の範圍に就て三つの制限を設く、第一は第六十六條にして、皇室の經費は現在の定額に由り、將來增額を要する場合の外國會の協贊を要せずといふ是なり第二は六十八條の、經續費にして一旦議決を經たる時は其後年は協贊を經るを要せずとなすもの是なり。此等二種の支出は之を豫算に登載するも協贊を經るが爲に非ずして出入を對照するが爲なるのみ。第三に最主要なる制限は第六十七條の規定なり、此中政府の同意なくして國會が廢除又は削減する事を得ざる歳出の二種を含む。其第一種は憲法上の大權に基ける既定の歳出なり、所謂既定の歳出とは法律命令又は條約の如き將來に向て効力を

有すべき國家行爲に依て定まれるものをいふ。而其額は或は初より其必要と共に確定せるあり、或は其必要のみ確定して其額の確定せざるあり、此後の場合に於ける費額は前年度の額に依て限らるべきものに非ずして、今年度に於て此等の法令を實行するが爲めに必要なる額を以て其限度とす。政府の同意を要するものゝ第二種は法律の結果により又は法律上政府の義務に屬する歳出是なり。とは共に政府の義務に屬する歳出にして、此中法律の結果により政府の義務に屬する歳出とは恩給の如き特に法律によりて始めて義務を生ずるものをいひ、法律上政府の義務に屬する歳出とは民法上の契約に依て生ずる義務の如き法律が一般に認むる義務をいふ。以上列擧したる二種の歳出は國會が廢除削減の議決を爲す前に政府の同意を得る事を要す、然れども反對に政府の同意あらば此等の歳出を廢除する事を得と推論するを得ず、國會と政府も等しく法律によらざる可らざれば也。法律の執行を妨ぐる如き財政の計畫は國會と政府と共に同意す可らざる也。命令は政府の自由に廢改するを得るものなりと雖、之を廢止せざる限りは之によらざる可らず、而豫算は財政の計畫にして命令に非ず、命令を廢止する事を得ず故に政府は命令の執行を妨ぐるが如き豫算に對して同意を表するを得ず、國會はもとより之を議決するを得ざるなり、要するに政府の同意を得て廢除削減する事を得るは、法律命令の執行に妨げなき範圍に限るなり。是れ根本的に豫算は法律に非ずとの大前提を採り來りし論を貫くものなり、

第二欵　豫算の發案及び編成

本欵には發案編成併せ論ず、

豫算案は政府より發するを例とす、豫算は法律に非ず財政の見積なればなり、英國に於ては豫算法案は先づ下院に提出する事が憲法上の慣習なり、是れ上院に法案修正の權なきが故に、便宜上先づ下院に提出する事となりしなり、而英國は又大陸諸國と異なり政府の要求によらざれば財政法案を議決することとなし。我國及び普國、佛國等の憲法は、豫算は先づ下院に提出すべき事を規定せり。而普國に於て上院に修正權なきは英國と同じ、我國の貴族院及び佛國の上院修正權に對しては何等の明文存せざるを以て共に完全なる修正權を有せるものと認むべし、上院に修正權ある國に於ては、先づ下院に提出するは特に立法上の理由、

特別の便宜あるに非す、唯英國、普國の先例に倣ひしのみ。

其他豫算を以て法律となす諸國に於ては、豫算の發案は法律の發案と同様の規定を適用す可きものたる事言を須たず。

豫算を編成するに當りては豫算の中に細別を設け、此細別によりて國會の議決を經るを例とす。其細別を設くるの精粗は國によりて異同ありと雖、其欵項に就て議決を經るに至ては則一なり。國會に於て欵項に就て議決し豫算成立したる時は政府は之に拘束せられ、一の欵項に餘裕あるも之を他に流用するを得ず、唯英國に於ては陸海軍事費に限り、其中に包含せる欵項は大藏省の承諾を經て假に之を流用し置き他日國會の承認を求むる事を得

豫算の編成に就て細別を設くるは前述の如し、例へは英國は百七十乃至二百、佛國は四五百の間に止り、普國は二千に近し、而我國に於ては憲法第六十四條第二項によれば國會の議決するは豫算の欵項に止るものと解せざる可らず。

第三欵　豫算の過不足及び其不成立

豫算の過不足

前述の如く豫算は政府を束縛す、政府は豫算の欵項に從て收入支出をなすも豫算はもと見積に過ぎざるが故に、之を實際に行ふに當りては往々過不足を生ずる事あり、豫算が剩餘を生じたる場合には何等の問題を生ぜす、豫算は支出をなす事を得る最多限を示すものなればなり。

之に反して豫算に不足を生じたる時は、豫算に欵項を設けざる又は之に超過したる支出をなす事を得ず、而已むを得ざる場合の爲に諸國特別の規定を設く。英國に於ては豫備費なるものありて、豫算外の支出及び豫算超過の支出に充つる事を得、而翌年度に之を補充するものとす。佛國に於ては豫算の不足は補充費となし、豫算外の費用は臨時費となし國會の議決を經る事を要す。我國及び普國の憲法は特別の明文を設けて、豫算外の支出及び豫算超過の支出は事後承諾を要する事を規定せり。こゝに單に支出の場合に關する規定を掲げ而收入に就ては規定せず、これ別に深き理由あるに非るべし、抑々收入の豫算は支出の豫算とは大に性質を異にする所あり、佛國の如く每年の法律に依るの外租稅を徵收するを得ずとの規定を存するものは姑く之を措く、我國並に普國等の如く租稅は概常久の性質を有する國に於ては租税の豫算は單に實際の收入を見積りたるものに過ぎず、租税以外の收入も概他働的のものなり、夫故に收入が豫算に超過し又は豫算に不足する事あるは勢免る可らざる所たり、唯政府の意志により豫算の限界を守る事を得るものは之を守らざる可らざるのみ、是れ收入の過不足の場合に關して特に普國並に我國の憲法が規定を設けざる所以なるべし。

豫算は收入支出をなすの要件たり、故に豫算不成立の場合に關しては、憲法に特別の規定なき時は適法に收入支出をなす事を得ず、此場合に事實上國家が收入支出をなすも、是れ最早法の範圍を超えたるものなり。我國の憲法は此場合の爲に特別の規定を設け、前年度の豫算による可き事を定む、之によりて收入支出をなすはもとより適法の事たり、我國の憲法は此點に於て完備せるものといふべし。

第三章　行政行爲

本章には命令及び豫算以外の國內に於ける行政行爲を論ぜんとす。

行政行爲の種類

國家の行政行爲には全く法律上の關係を生ぜざるものあり、例へば土木工事の如し、此等は法學上の問題とならず。法律上の關係を生ずるものゝ中にも國家と他の公私の法人若くは一箇人との合意によるあり、國家の意思のみによるあり、前者の中三種あり、國際法上の契約は即國際條約なり、條約の締結に付ては後章に說くべし、私法上の契約は民法の問題たり、國法上の契約とは一私人の同意を以て行政行爲の効力の要件となすものにして外國人の歸化官吏の任命の類是なり、是等は主として行政法上の問題たり。

處分令

最も普通なるは國家の意思のみによりて効力を生ずる行政行爲なり、之れを處分令と稱す、處分令の中臣民に對して効力を生ぜず單に官廳に對して拘束の力あるあり、之を訓令といふ。

處分令の中臣民に對して効力を生ずるものあり實質上之を分類すれば次の如し。

(一)、命令及び禁令、或行爲又は不行爲を命ずるもの、行政行爲の最主要なる部分を占む、玆に所謂命令とは處分令中の實質的意義に於ける命令にして、彼の法律と區別する形式的意義に非ず、法律と相對する命令は一般的なり、處分令は特別的なり、一般の臣民に對する事と個々の特別なる人に對する事とが區別の要點なり。

(二)、免許、一般に許されざる行爲を各箇の場合に於て免すもの、例へば狩獵免許の如し。

(三)、認可、私人の行爲に附加して之に法律上の效力を與ふるもの、會社の定款を認可するが如き其一例なり。

(四)、權利の設定及び廢止、特許、鑛業漁業の免許、法人設立の許可等は前者にして、法人を解散するが如きは後者なり。

(五)、公證、其證明する所の事實が確實なる事を認むる義務を關係者に對して生ずる行爲、例へば登記公證の如き是なり。

第四章　條約

條約の事を論ぜんと欲すれば先づ其性質を明かにせざる可らず。

第一節　條約の性質及び其國法學上に於ける地位

條約の性質

條約の地位

近代の國家は孤立して生存するものに非ず、或程度の文化を有するものは皆協同して一の社會的團躰を成す、而國家は國際法上互に對等の地位に立つものにして權力の關係を以て相臨むものに非ず、故に一の國家が他の國家の意思を羈束するは兩國の對等關係たる合意によらざる可らず、之を國際法上の契約といひ、又條約といふ、條約は如斯國家が他の國家に對し合意によりて權利を得義務を負擔するものなるを以て、國家の行政行爲たるに妨げなしと雖も、他の國內に効力ある行政行爲とは異なり、其効力は國內法の規定する所に非ずして、國際の關係を定むる法規即國際法によりて定まるものなり。然れども諸國政躰一ならず、隨て外國に對して國家の意思を定む可き機關も亦一樣ならず、而國際法に於ては政躰の如何は其問ふ所に非ず、外國に對して國家の意思を定むる機關は何なりや、或機關は如何なる範圍に於て之を定むる權限ありやと云事に關しては、國際法上一般に適用せらる可き通則を設くるを得ず、此問題は全く各國々法の決定する所たり。

之を各國の國法に徴するに條約を締結するの權は元首に屬するを例とすれども、立憲國に於ては國會も直接又は間接に條約に關する權限を有す。此權限の範圍は國法學上の大問題たり、之を決するに先ち、條約の締結と其執行との區別を論ずるの必要あり。條約は國家と國家との合意なり、條約は法律に非ず、此條約の性質より其締結と執行との區別を生ず、締結によりて成立せる條約は國家と國家との間にのみ効力あり、未だ臣民に對して拘束力を生ぜず、臣民に對して拘束力を生ずるには別に其條約を執行する行爲ある事を要す、既に條約に締結する行爲と執行する行爲とあり、國會の議決權は二者何れに有するか、或は二者兩らに有するや、是れ説明の順序なり。

第二節　條約の締結と其執行

本節に於ては條約には締結と執行との二行爲ある事を説明せんとす。

條約は國家と國家との合意約束なり、約束は當事者を拘束す、條約の當事者は國家なり故に條約に依て拘束せらるゝものは國家なり、臣民に非す、臣民全躰にも非ず、臣民各個にも非ず、臣民全躰は國家を離れて獨立の人格なし、人格なければ意思なし、意思なくして他の意思に拘束せらるゝの理なし。臣民各個は之れに反して人格を有す、然れども國家の人格と獨立したる人格なり、獨立したる人格を有すればこそ、國家と個人との間に法律關係が生ずる事を得るなれ、國家の意思と各個人の意思と獨立す、故に國家が條約に依りて其意思を拘束せらるゝ事あるも、之れと同時に各個人の獨立の意思は必ずしも拘束せらるゝものに非ず。換言すれば臣民が拘束せらるゝは直接に條約によるものに非ず。國家が條約を執行するがために發する法律命令に由るものなり、條約は條約としては單に他の國家に對してのみ效力あるものにして、毫も內に對して效力を有する事なし、此內に對する效力を生ずるが爲には國家が更に臣民に對して遵奉を命令するの行爲ある事を要す、若し此命令が成立せざれば條約は成立するも之を執行するを得ず、隨て國內に於て臣民を拘束するの實效を生ずるを得ず、合衆國の憲法は、條約は最高の法にして各州の裁判官は各州の憲法々律に反對の規定あるに拘はらず之を遵奉するの義務ありと規定せり。是れ便宜上各の條約に就て執行命令を發するの煩を避け、豫め一般の規定により臣民をして各種の條約を遵守せしめんとするなり、斯くの如き特別の規定なき以上は條約は直接に國內法となるものに非ず、故に條約を締結し之を公布するも臣民は直ちに之に拘束せらるゝ事なし、是れ條約には之を締結するの行爲と之を執行する行爲との兩樣ありといふ所以なり。

國會は條約に關する議決權を有す、其議決權は條約の締結に關するものなりや、又は執行に關するものなりや、又は二者兩らに關するものなりや、是れ次で起る可き問題なりとす。

第三節　條約に關する國會の權限

以上二節に連續して本節の問題が明かに解說せらるべし。

條約は之を締結する行爲と之を執行する行爲との二つ備はりて始めて其効力を完うするものなり、國會は其締結に關して權限ありや、又は其執行に關して權限ありや、此點に關する立法例及び學說は區々として一定せず、大躰立法例に三種あり、隨て解釋の異なるあるは已むを得ざるなり。

第一種の憲法は千八百七十五年七月十日の佛國憲法を以て代表す、其第八條に曰く、條約の談判を爲し及び之を批准する以上は國家の利益を安全の許す限り可成早く之を上院に報告す可し、和親條約、通商條約、國庫に義務を負擔せしむる條約及び外國に於ける佛國人の身分財產に關する條約は兩院の議決を經たる後に非れば確定せずと、其他瑞西、葡萄牙、西班牙及び獨乙の三市等皆此種の憲法を有す。此等の國に於ては國會は啻に條約の執行に同意するのみならす、其締結に同意するものなる事明かなり、故に若し國會が同意せざる時は條約は啻に執行するを得ざるのみならす、又條約としての効力を得る克はざるものとす。

第二種の憲法は普國、獨乙帝國及び白耳義の憲法の如き其例なり、普國憲法第四十八條に曰く、國王は戰を宣し和を媾し其他外國政府も諸般の條約を締結するの權を有す、宣戰媾和の外々國政府との條約にして通商條約なるか又は國家に負擔を負はしめ若くは臣民に義務を負はしむるものならば、兩院の同意を得るに非れば其効を有せずと、獨乙帝國憲法第十一條第三項に曰く、外國との條約にして憲法第四條により帝國の立法に屬する事項に關するものは、聯邦參議院の同意を得るに非れば締結するを得ず帝國議會の承諾を得るに非れば其効を有せずと、其他墺國、伊太利、丁抹等の諸國も此種の明文を有す。議論の最多かる可きは此種の憲法なり、何となれば單に國會の同意が條約の効（「ギユルチヒカイト」）を生ずるに必要なる事をいふのみにして、明文上其外國に對する効力なりや臣民に對する効力なりやを分別し難ければ也。然れども少しく熟考する時は、其單に條約の執行に關するものに非るを知る、若し條約を執行するが爲に法律を要し又は國庫の支出を要する事あらば、其法律又は豫算を定むるは憲法上もとより國會の協贊を須つべきもの、何ぞ特に條約に關して斯る規定を設くるを要せんや、其之を設けたるは國會をして條約の締結權にも參與せしめんとするの主意なる事を見るに足る。

第三種の憲法は我國及び英國の如く國會の議決によりて條約を締結するといふ規定を設けざるものなり、バイエルン、ザクセン等の獨乙諸國、瑞典等亦之に屬す。此種の憲法に於ても條約を執行するに當りては法律を要する事あり、法律を發するに當りては國會の協贊を要するは言を須たず、然れども條約自躰に對じては國會の同意を得るを要すといふ憲法上の必要を認むるを得ず。條約自體に關しては締結にも執行にも其同意を要する事なしと雖、又元首の專斷によりて無條件に條約が完成するものに非ず、抑ゝ國家の行爲は憲法によりて羈束せられ、外國と條約を締結するに當りても憲法に違反したる行爲を約束する事を得ず、故に執行の爲に法律を要す可き條約を締結する時は、即國家は憲法の規定により法律を發し條約の條項を實施す可き事を約するものなり、換言すれば條約の條項を實施するは、國會の立法協贊を以て條件となすものなり。故に若し國會にして其憲法上の權限たる立法議決權により條約を執行するが爲めに必要なる法律を否決せし時は、條約は其實行の條件たる事實の生ぜざるが爲に實行せられざるの結果を呈す。約言すれば國會は條約そのものに同意するの權なし、之れを執行するが爲めに必要なる法律に協贊するは、もとより有する立法協贊の權に基くものにして、特に條約に關して與へられたる權限なるものなし。

如斯く予は條約の締結執行に關する機關の權限を各國々法の立法例に從て說明せり、予も亦チッテルの如く、國際交通の實際の便益より考ふる時は、此問題を各國々法の規定より分離して國際法の條規により一定す可きものなる事を思はざるに非ず、然れども此は一の希望たるに過ぎず、現今に於ては國際法に此條規を設けたるにあらず、而各國々法亦此點に關して各其軌を一にせず、國法學は各國々法の規定を根據とするものなるが故に、國際法上將來此問題を一定せざる以上は、前述の如き說明をなすは已むを得ざるなり。

第三編　司法

序說

前二編に於て立法行政の二機能に就て論究し、今最後に司法に就て說明す可き順序に達せり、之を論じ終れば即國家の機能は悉く明かなるべし。

第一章　司法の性質

司法は法規の執行にして毫も裁判官が便宜酙量するの餘地を存せず、此點に於て行政の一部は司法と異なるなき事あり。又司法は各事件に對する法規の適用を定めざる可らず、而行政も處分を爲す可き一事件に對して法規の適用を定むるを要す、此點に於ても亦相似たるなきに非ず、然れども行政と區別す可き司法の性質は專ら此點にあり。行政に於て法の適用を定むるは行政官廳內部の豫備行爲たるに過ぎず、其官廳の目的とする所は法の適用に非ずして適用して行ふ所の行爲そのものなり、法は此目的を達する一の手段たるに止るものなり、之に反して、裁判所が法の適用を定むるは其目的の主要なる部分を成すものにして單に法を以て手段とするものには非るなり。此關係は民事裁判に於て最明かなり、此場合に於て法は私人の爲めには例へば其所有權を享有する等の手段なり、國家の爲には其適用が即目的たるなり。

第二章　司法の範圍

司法は最も早く私法の區域殊に所謂民事に於て發達せり、民事裁判に於て國家の目的とする所は、法規を私人間の關係に適用して其適用の結果を定め、其結果に從て私人に行爲不行爲を命ずるにあり。即法を以て其究極の目的となすな

狹義の司法

り。國家が漸く進行するに隨ひ分法の區域に於ても又司法の必要を生ず、國家は啻に其行爲が實際法規に適合せる事を以て滿足せず、更に一歩を進めて、之を公に證明し、人民をして安じて其權利義務を保たしむる事を期す。殊に人民の身躰財產に關する事項に就ては夙に司法の必要を感ずる事深し、これ刑事裁判が民事に續て設定せられたる所以なり。其他近代に至りて、行政の區域に於ても行政訴訟の制を設け、行政官廳と司法官廳との關係に就て權限爭議の制を設け、官吏の懲戒の爲に懲戒裁判所を設け、憲法上の爭議の爲に政治裁判所を設くるに至れり。此等の國家行爲の目的は、各事件につき公法の適用を確定し公に之を證明するに在り、即此等も亦民事裁判と同じく司法に屬するものといはざるを得ず、是れ廣義に於ける司法なり。

此廣義の司法中民事及び刑事は他の司法と異なる所あり。民事刑事は共に私人が法規に背きし場合に之を矯正する事を目的とするものなり、反之他の裁判は國家の機關が法規を犯しゝ場合に之を矯正する事を目的とす。民事刑事の裁判は他の行政裁判等と區別して狹義の司法と稱するを得、三權分立論以來狹義の司法は行政と相並で獨立し、相侵す事を得さるものとなし、行政機關の不法行爲を矯正する行爲も本來の性質上司法に屬す可ものなるに拘はらす、普通に司法といへば、狹義の司法を指していふ事となれり。帝國憲法第六十一條に於ても行政裁判所を以て司法裁判所と相對するものとなせり、換言すれば行政裁判は司法に非ずとなしゝなり。

第三章　司法上の原則

司法の機能を簡單に説明せんが爲に本章は列記的方法を採る。

所謂司法權の獨立を保たんが爲に近代の立憲國は概ね共通の原則を有す帝國憲法も亦其第五十七條乃至第五十九條に於て之を定む。

此等原則の中主要なるものは。

第一、司法權は法律によりて之を行ふといふ事なり、こゝに法律によりてといふは、司法權を行ふ形式と其實質の法規とが法律によりて定めらるゝものなる事をいふ、而特に法律といふは法律と命令とを區別して法律によりて

裁判所は法律命令を審査するの權ありや

之を行ふ可く、命令によりて行ふものに非る事をいふなり。但裁判所は法律と名けたる成文の規則の外は之を適用せずといふ意味に非ず、司法權を行ふ方法は法律の規定による可しといふ意味にあり、實質上如何なる規則を適用す可きかは法律によりて定まる別の問題にして、實質上法律に非れば之を適用せずといふには非るなり。

裁判所は法規を適用するの職務を有す、然らば裁判所は法律命令を審査するの權を有するやといふ事が問題となる、之を分て三問とす。

第一、裁判所は法律の形式を審査するの權ありや、法律は國務大臣の副署を了り之を法律として公布したるものなりやといふ事は法律成立の大要件たるを以て、此點に就て審査の權あるは疑ふ可らず、然れども法律が果して國會の協贊を經たるものなりや否やの點に關しては議論あり、予は消極説に贊するものなり、抑々法律は元首の命令にして其の臣民に對して効力あるは元首の裁可にのみよるものなる事は曾て之を論ぜしが如し。故に裁可を得て適法に公布したる法律は裁判官は之を適用せざる可らず、而其事實果して國會の協賛を經たるか否かを問ふを得ず、普國憲法に曰く、法律命令にして法律の定めたる形に於て公布せられたるものはすべて遵由の効力を生ずと、又墺國の憲法に曰く、裁判所は正式に公布したる法律の効力に關する裁判に非ずと、此等は共に此主意を明に規定して學說の紛更を避けたるものに外ならず理論上明かなる事なり。

第二、裁判所は法律の實質を審査するの權ありや、帝國憲法第五十七條の司法權は法律により裁判所之を行ふといふ規定は、普國憲法第八十七條の、司法は法律の外他の權力に服從せざる獨立の裁判所により國王の名に於て之を行ふ、とあるものに對照して、其意味を發揮するものなり。裁判官が或事件に就て裁判を下すに當りては他の官廳の命令によりて法の解釋を曲ぐる事なし、之れに反して法律は裁判官の上に立つ權力なり。故に法律が法規に對して解釋を定むる時は裁判官も亦此解釋によりて羈束せらる、故に裁判官は假令法律の實質が憲法の規定に牴觸するものあるを信ずるも之を適用せざる可らず、其間に審査の餘裕なし、何となれば、伊太利の憲法が明言する如く、法律の公正解釋は立法權に屬するものなれば也。

第三、裁判所は命令の形式並に實質を審査するの權ありや、曰くあり、何となれば命令は法律に非ず、獨立なる裁判所を羈束するの力なければなり、但緊急命令は法律に代る特別の効力を有するが故に、法律と同じく審査するを得ず、而普通の命令に就ても、特別の明文を以て審査を禁ずるものは別段なりとす。

第二、裁判所の構成は法律を以て之を定む、こは我國及び墺國、白耳義、西班牙、和蘭、伊太利等の憲法の明言する所にして、裁判所は行政の組織の如く之を自治に讓る事なく、又或時代に行はれしが如く或種の一私人に對して裁判の特權を認むる事なく、悉く國權直接の機關たる事を主義とするを明かにしたるなり。

第三、裁判官たる資格は法律を以て之を定む、而裁判官たるものは刑の宣告に由るか又は法律を以て定めたる懲戒の條規に由りて懲戒處分を受くるの外其意に反して職を免ぜらるゝ事なし、是れ我國及び普國、墺國以下諸國憲法の明文の存する所にして、裁判官の獨立を保護するに出づるものなり。

第四、裁判の對審並に判決は、安寧秩序又は風俗を害するの虞あるが爲めに法律により又は裁判所の議決によりて之を止むるの外は之を公開す、是亦我國及普墺以下諸國の明言する所にして、裁判の公平を公證せんとする司法の目的に適ふものとす。

附錄

第四卷 國家連絡

序說

以上本編三卷は主として單一なる國家に就て其組織及び作用を論ぜり、現今世界に於ける國家の躰様は前述の如き單一國家のみに限る可らず、現に獨乙帝國、北米合衆國及び瑞西の如きは我帝國及び英國、佛國の如き單一なる國家に非ず、國家は他の國家と連絡して又一の國家を成す事あり之を國家の連結といふ世界各國に通ずる國家の躰様を知らんと欲せば、亦國家連結の方法を研究せざる可らず、於是予は附錄として本卷を設くるの必要を見るなり。

抑々國家連結の法は一様ならすと雖、其原因に依て區別すれば之を三種に大別する事を得、事實上の連結、國際法上の連結、及び國法上の連結是なり、之れが爲に三編を分つ。

第一編　事實上の連結

事實上の連結とは偶然の事實に由り二國以上の間に連結の形を生ぜしむものにして、法學上連結と稱す可きものに非ず、此種の連結にして現實に存在せるは身上連結と稱するものなり。

身上連結

身上連結とは二國以上の君主國が各其國法に由りて戴く所の君主を偶然同じくするに由りて生ずる關係にして、法律上の關係あるに非ず、故に一方の國が君主繼承の順序を異にする時は身上連結は一代又は數代にして解くる事あり、又一國に於て其國法を變更し例へば政躰を新むる時は身上連結は自ら解除に歸する事あり。現今其實例の存するは白耳義と亞弗利加コンゴーとの間に有する關係のみにして其他歷史上には往々見る所なり、例へば千八百三十七年迄の英國とハノーヴアとの關係、千八百六十三年までの丁抹とシユレスウイグ、ホルスタインとの關係、千八百九十年までの和蘭とルキゼムブルグとの關係の如き皆是なり

同盟

第二編　國際法上の連結

序説

國際法上の連結は國際の條約に由りて生ずるものなり、國家と國家とは條約によりて互に權利を有し義務を負ふ、此權利義務の目的物を相互に同じくする場合即兩國共同の政務を共同に行ふ事を目的とする條約によりて生ずる關係を同盟といふ此關係は多くは一時的なり國際法上の連結にして永遠繼續す可き性質を有するものに二あり、物上連結及び國家聯合是なり。

第一章　物上連結

物上連結とは二國以上が共同の統治機關を有する關係をいふ。最普通なるは主君を同じくする場合なり、墺、匈及ざ瑞典、那威は即是なり。

物上連結は身上連結と異なり條約に基く關係なり、此の條約に由りて各國其の憲法を定め各國の憲法一致す、憲法の變更に由るにあらざれば連結を解くを得ず。

第二章　國家聯合

國家聯合とは國家の政務を共同して行ふが爲に永遠に聯合するものなり國家聯合に於ては各國は國家たる性質を失はず、國法上の關係に於ては各國は依然として最高權を有す最高權とは國家自ら制限するの外毫も制限する事なきをいふ、又國際以上の關係に於ても各國が權利の主躰なり。國家聯合は臣民に對して直接に命令するを得す、國家聯合の決定せし事項は各。國の法律命令とし之を發布するに由りて始めて臣民に對して効力を生ず、又國家聯合は本來國際以上權利主躰に非ず唯各國を代表して國際以上の法律行爲を行ふに止るなり。

國家聯合の實例は現今存在せず、之を歷史に求むれば、千七百八十一年より八十七年に至る北米合衆國、千八百十五年より四十八年に至る瑞西、千八百十五年より六十六年に至る獨乙國即是なりき。

聯合國家

聯合國家內の各國

第三編　國法上の連結

前述の如く、國際法上の連結は單に國家と國家との權利關係たるに止り權利主躰に非ず、勿論及權力主躰にも非ず、國際法上の連結は連結せる各國の外に連結により新なる國家を生ずるものに非ず、連結により新なる國家を生ずるものを聯合國家とす。獨乙帝國、北米合衆國及び瑞西皆是なり。

聯合國家は最高權を有し、權力の主躰たるものなり、聯合國家の權力の範圍を伸縮するは憲法の改正となる。國家連合が條約に基き各國の同意を要するとは異大に異なる所あり、憲法に由りて生じたる連結なるを以てなり。

聯合國家は國際法上の關係に於て完全なる權利主躰にして宣戰講和及び諸般の條約を締結するの權を有す。

國家聯合を組織する各國は最高權を有するに反し、聯合國家を組織する各國は最高權を有せず、聯合國家其自身が最高權を有す、同じ國家內に最高權の下に立つ最高權なるもの有す可らず、最高權を有せずと雖猶ほ各國も亦國家たる事を失はず、然らば國家と他の自治團躰との區別は何れに存するや此區別を明かにせざれば聯合國家内の各國の性質を明らめ難し。

抑、地方自治躰は國家の機關なり、自治躰の事務は自己の事務なると全時に國家の事務なり、國家は自治躰を機關として其政務の一部を行はしむるものなり聯合國家が聯合内の各國に對するも亦之を機關として一部の政務を行はしむる事なきに非れども、或範圍内の政務に關しては各國は聯合國家の機關として之を行ふに非ずして單に自己の目的の爲に之を行ふものなり。自治躰は國家の機關なり、其事務は國家の事務なり、故に國家の監督を受く聯合内の各國に至りては其權限を超越せざる限に、其政務は本來各國の政務にして聯合國家の政務に非ず、故に之れが監督を受くるの理なし、又自治躰は國家の機關なり、故に性質上必限られたる目的を有せざる可らず、若し自治躰が一切の政務を自己の政務となすに至らば已に他の機關に非ず、聯合國家内の各國は事實上聯合國家の權限によりて消極に其權限を限らる、本來の性質上積極に限られたる目的を有するに非ず、故に聯合國家が或政務を察する時は、各國は其政務の目的如何に拘はらず、直ちに取て之を自己の政務として行ふ事を得、要するに聯合內の國家は專ら自己の目的の爲に政務を行ふ事を得るといふ點に於て、他の團躰と區別せらる、是れ聯合內の各國も亦國家たる事を失はざる所以なりとす。

國法學終

明治三十三年八月二十日印刷
明治三十三年八月廿三日發行

不許複製

著者　岸崎昌
　　　中村孝
東京市日本橋區本町三丁目八番地

發行者　大橋新太郎
東京市牛込區市ヶ谷加賀町一丁目十二番地

印刷者　佐久間衡治
東京市牛込區市ヶ谷加賀町一丁目十二番地

印刷所　株式會社秀英舍第一工場

發兌元　東京市日本橋區本町三丁目　博文館

帝國百科全書

毎月二回發行紙數壹冊菊判三百二拾頁
全部壹百冊紙質善良印刷鮮明
毎編文理工法農各科專門博士學士執筆

第壹編
世界文明史
全壹冊
文學士高山林次郎君著

文明史は人類生活の統一的歴史なり、歴史的發達の精神は是によりて釋了せらる、本書は筆を有史以前の民族に起し佛國革命に至る迄章を重ぬる廿有五主として宗教哲學文藝政治の上より東西歴史の隱微を描破して洩す所なし。

第貳編
日本新地理
全壹冊
理學士佐藤傳藏君著

天然地理人事地理地方誌の三項嶄新の事實により正確の統計を本とし巧妙の組織簡潔の敍述説盡して餘殘なし彼の臺灣と北海道とに至ては立論奇拔にして説明詳密なり中等教育教科用書として無比唯一の新地理書なり。

第參編
東洋西洋倫理學史
文學博士井上哲次郎君校閲
木村鷹太郎君著

道德は人間の重務なりとせば之を研究する所の倫理學は又重要の學科ならざる可からず、著者多年之を專攻して本書を著はす、文章明晰其第一章の如き東西古今未だ曾て類なきの説にして井上文學博士の校閲を經たる良書なり。

第四編
肥料學
全壹冊
農學士木下義道君著

本書は學理の方面より又實地經濟の方面より全篇を通して自然界天則の説明に留意したり殊に間接肥料を分ちて有生無生となしたる如き先人未言の條項多し肥料書として世未だ如斯ものあらず志士必讀の要書なり。

第五編
宗教哲學
全壹冊
文學士姉崎正治君譯

本書はカント、ヘーゲル、シエリングの宗教哲學論を統合し、シライエルマッヘル、ピーデルマンの基督教宗義學を批評し、吠檀多の無宇宙論佛教の涅槃論を精査して東西宗教の粹を蒐め、古今哲學の結果によりて宗教哲學の一大系統を組織せしものなり。

第六編
新撰算術
全壹冊
理學士高木貞治君著

世に算術書多きも皆翻譯ならざれば單に機械的に説明するものに過ぎず、本書は然らず筆を整數に起して無理數、量及其測定に説及ぼし結論として負數虚數に擱筆す其間説明立論共に精確にして理論縱横に説述せり。

第七編 農産製造學 全壹冊 農學士楠巖君著

本書は斯學に精通する著者が幾歳月の苦心を重ね其製法及び生成物の性質を初めとして嶄新の學説最近の試驗成績を詳密に精述したるもの一讀以て其製法の巨細を知るべし實に是れ普通農家製造業者の最好指針といふべし。

第八編 萬國新地理 全壹冊 理學士佐藤傳藏君著

本書は新地理の要領を語らん爲め最新の統計、事實仕組を以て編述し、中等教育に向つて地理專門家に向つて普通の學生に向つて大に告ぐる所あらんが爲め最も精細に説述せられたり日本地理と共に併せて机上に備ふべし。

第九編 支那文學史 全壹冊 文學士笹川種郎君著

支那は東洋の古國にして特に其文學は日本文學の鼻祖として苟くも日本今日の文學を研究せんと欲せば必ず先つ支那文學を玩味して其淵源する所を知悉せざる可らず、本書は時代に依り種類を分ち各種文學の由來變遷を詳述せり。

第拾編 農學汎論 全一冊 農學士恩田鐵彌君著

本書は本邦農業の神髓たる稲作を基とし日常目擊する所の事實現象につき平易に精細に學理を説き實地を語り農業の蘊奥を究めて餘蘊なし又附錄には農業に關する重要の法規農業の心得を添へたり。

第拾壹編 修辭學 全一冊 文學士武島又次郎君著

著者夙に詩文を以て名あり、本書記する所詩歌散文に關する事項は細大洩さず其種類組織より條章辭句に至る迄引例提喩周到を究め加ふるに行文流麗にして明珠の盤を走るが如し、文學に志ある者必讀必携の良本なり。

第拾貳編 論理學 全壹冊 文學士高山林次郎君著

本書は著者が往年第二高等學校に教授たりし際講述したるものを基礎として愼密なる訂修を經たるもの條理井然文字簡明庶幾は斯學最新の脉系たるを得ん乎、是れ著者が自ら買て學界の批判を仰がるゝ所以なり。

第拾參編 栽培汎論 全壹冊 農學博士横井時敬君著

栽培學は實に學理と實地との聯絡を通ずるの橋梁なり學者も究めんと欲し實地家も學ばんことを要す、本邦未だ此種の良著なし横井博士斯學の蘊奥を極め本館の爲めに此著あり農家必携の書といふべし。

第廿壹編

民法相續編親族編釋義

民法中吾人に最も緊切なるものを親族編相續編と爲す、而て此二編は本書に於て解説せらる著者多年研究以て法律の眞意と立法の精神とは兩々發揮せられて紙上に躍如たり、民法保護を要する士須く一本を備ふべきなり。

全壹冊
法學士上田豐君著

第廿貳編

國際私法

條約改正して外人內地に雜居す、彼我法律內外交涉の生起亦昔日の比にあらず、今にして之を研究する急務といふべし、本書は諸問題を捉へて説明すること叮嚀親切讀者之を座右に備へて貴重の權利を保持すべきなり。

全壹冊
法學士中村太郎君著

第廿參編

國際公法

こは國交際上の條規を定むるものなり、我國は已に世界の日本なり平時戰時共に國權振暢せざるべからず是れ本邦臣民の公義務なり、本書は此義務に忠なるものにして銳敏なる眼光を以て微妙の法理を發揮するものなり。

法學士北條元篤君同熊谷直太君著

第廿四編

倫理學

全壹冊
文學士蟹江義丸君譯

斯學に關する書少なからずと雖も多くは陳腐に流れ淺薄に失して共に正鵠を得たるなし、譯者茲に見るありて兩學派を調和しパウルゼン氏の著書を執つて是を譯述す其文明快以て歐洲斯學の趨勢を卜知し得べし。

第廿五編

日本歴史

本邦史の上梓する者多きも、本書は從來の編纂と大に其方法を異にし事實を採りしものは此に連絡せる諸種の關係沿革を集め未だ定説なき者は先哲の説を擇み必要なる制度は稍精細に涉る事實正確繁閑其宜しきを得たり。

全壹冊
文學士木寺柳次郎君著

第廿六編

民事訴訟法釋義

訴訟の勝敗は手續に通ずると否とに關すること大なり、本書著者は多年斯學の研鑽に委身し複雜の規定を説くに簡淨の筆を以てし議論明確序次整然其規定する所の手續は卷を叙べて知るべし説去り説來つて釋義の實を全ふす。

全壹冊
法學士梶原仲治君著

第廿七編

法理學

法理學の目的は法律現象に關する通案を講究するにありて其業や甚だ至難なれども從來坊間に鬻く所のもの多くは外國書の飜譯に過ぎずして我國の法理に適せず本書は其時代と場所とに依て法理の何者たるを詳説せり蓋し斯學唯一の要書といふべし。

全壹冊
法學士丸山長渡君著

第廿八編

日用化學

全壹冊　農學士井上正賀君著

化學の深遠高妙を以て之を日常生活の作用に應用する是れ本書の特色なり、即ち空氣、水、動植物、嗜好品、日用品、燃料、飮食物等に渉りて縷說明解獨り學者の寶典のみにあらず、世人一般に必讀すべき實驗學理なり。

第廿九編

商法汎論

全壹冊　法學士添田敬一郎君著

商業に從事する者は、詳かに商法の規定を知らさるへからす本書は著者か新商法に就て其大躰の法理と立法の趣旨とを基礎として最も簡易明瞭に論述したるものなり、各人先つ之を見ば商法の條文を逐ふの煩勞なく商法の精神に通曉するを得べきなり。

第參拾編

民法總則編物權編釋義

全壹冊　法學士丸尾昌雄君著

總則篇は民法全篇に通ずるの大則を定め、物權篇は吾人の有する物的權利の得喪變更に關する事を定む、其重要なる知るべきなり、此書此二篇に就て說明すると叮嚀親切、而も繁冗に流れずして能く立法の精神を發揮する處、解釋の巧妙を見る。

第卅壹編

財政學

全壹冊　法學士笹川潔君著

財政整理の難き、政府當局者も、貴衆兩院議員も不斷最も頭を惱ましむる者實に此にあり、故に財政の學理に適せざるものは以て方今國家の經綸を畫するに足らず、本書の著者多く財政經濟の學を專攻し、東西名流の所說を涉獵して此書を成す、其世を益する蓋し至大と謂ふべし。

第卅貳編

西洋哲學史

全壹冊　文學士蟹江義丸君著

本書は古今哲士の列傳を紹介するに非ず、内在的批評を以て、ターレスより近代に至る大思想を究め其生起變遷の原因を闡明して餘蘊なし哲學史本來の面目玆に存す蓋し本書は吾哲學界に於ける最も完全なる思想の歷史なり。

第卅參編

日本帝國憲法論

全壹冊　法學士田中次郎君著

本書の特色は先づ憲法々理の概念を詳にし次に各條を講ずるに有り而して每章緒論を設け各條に精神釋義解疑の三を置き以て充分に立法の趣旨を明にせり、世の爲政家たるもの、學生たるもの之を繙かは大に得る所あるべきなり。

第卅四編

近世美學

全壹冊　文學士高山林次郎君著

本書は上編に於ては希臘以來ヘーゲル氏に至るまでの美學思想の變遷を說明し下編に於てはキルヒマン、ハルマン、スペンサー等諸家の學說を叙述せり、文章明暢にして理義透徹、讀者は之に據りて容易に歐洲美學の歷史を會得すべし。

第卅五編

哲學汎論

全壹冊　文學士藤井健次郎君著

本書は獨逸の碩學フオン、キルヒマン氏か普通了解の便を與へんと欲し種々推究の末實在論的系統を採擇し好著を完ふせしもの其系統は特殊の科學に近邇し從つて初學者をして他の哲學系統をも完全に悟了し公平に其長所短所を發見せしむるに便あり。

第卅六編

商工地理學

全壹冊　法學士永井惟直君著

商工地理學の研究の最必要にして且趣味多きは今喋々を要せす、著者久しく東西の地理と商工業歴史との關係を究め氣候風土地勢人種人口等の商業に及ぼす影響に至るまで論究し斯學の爲め一生面を開きたる必讀の良書なり。

第卅七編

提要造林學

全一冊　林學博士本多靜六君著

本書前編には造林の豫備學として森林成立の原料を論し本論には森林仕立法、手入法、作業法の種類及變更の三編を以て一般造林學の原理方法を論述し各論には針葉林木濶葉林木各論を置き其造林手入保護法をも詳述せり、

第卅八編

商業經濟學

全壹冊　法學士清水泰吉君著

經濟學を實際に應用すべきは商業なり經濟學中趣味多きものは商業經濟とす小は一國一地方より終に全地球上に通して通商貿易し爲替によりて取引を決する等凡そ人間の幸福を進め世界の和親を助くる者皆商業經濟の作用に基く此等の原理皆本書中に盡せり。

第卅九編

氣候及土壤論

全壹冊　農學士佐々木祐太郎君著

氣候及土壤之れ斯界の最も困難とする所而して亦最も知らざるべからざるもの著者は此學に執心從事研究する所久し故に氣候變化の原因氣候の土壤に及ほすの結果如何以土壤とは如何等前人未發の理を説述せられたり。

第四拾編

最新統計學

全壹冊　法學士夏秋龜一君著

秩序的社會の事物を解釋するには自ら具躰的頭腦を以て緻密なる調査を經るを要す是れ統計學の今日に必要なる所以也而して斯學に關する良書の未だ世に公にせられざるは識者の遺憾とする所夏秋學士本書を著はし此需用に應せんとす深厚の學流麗の筆善く其大綱を説盡し肯綮に中る。

第四拾一編

西洋歴史

全壹冊　文學士吉田藤吉君著

西洋歴史の著書世に多しと雖も未だ本書の如く趣味多くして事實の正確なるものあらす蓋し從來世に行はるゝところの者と其編纂方を異にしたるものにして著者か其專攻の餘に成りたるを以て秩序整然議論確實快刀亂痲を斷つの觀あり。

第四拾二編

分析化學

全壹冊　工學士藤井光藏君同內藤游君著

分析の一事は化學中の最要務たり而して著者本邦に好書なきを憾とし多年專攻する所を以て本書を著はし簡明適實に最新分析法を解論す蓋し斯書類中の冠冕なるもの世の工農業家學術家は勿論厚生の道に志すものは必ず一讀すべき最良要書なり。

第四拾三編

民法債權編釋義

全壹冊　法學士丸尾昌雄君著

本書の特色は概括的に債權の原理を明かにし其適用を示すにあり故に廣く學說立法例を參照し始めて立法の趣旨を啓發し論理的に條文の釋義を與へたり殊に初學者をして確實に債權の觀念を知得せしむるに付著作か如何に留意せしかは一讀して了知すべし。

第四拾四編

稅關及倉庫論

全壹冊　法學士岩崎昌君著

本書は新稅關法及附屬法例並びに新商法倉庫編を基礎とし法律及經濟の三方面より秩序的に觀察し之に實際的の問題を加味したる者就中倉庫編に於ては商法施行以來議論を釀せし各論點に就き詳細なる批評と著者の意見とを加へたり。

第四拾五編

東洋西洋教育史

全壹冊　文學士中野禮四郎君著

本書は東西の教育思想を縷述し教育の要點を指示し傍ら國風を飲み四洋の長を取り以て教育の完備を期せんとす萬般の事柄に於ける史的研究の効力は喋々を要せず讀者之に依て教育の要旨を得ると蓋し淺少ならざるべく飜譯及飜案以外に立ち善く實着なる說明解釋を下したるは本書に若くはなかるべし。

第四拾六編

政治史

全壹冊　注學士森山守次君著

史學書多しと雖も而も政治的活動を論じ天下の治亂興亡の因て來る所を明にしたるもの少し此書十九世紀に於ける政治史を記し專ら力を最近政史に用ゆ引證精確議論明晰天下の政治家たるもの豈一本を備へずして可ならんや。

第四拾七編

政治汎論

全壹冊　法學士永井惟直君著

諸種の政体及國家と政治との觀念を明かにする者是れ政治汎論の主要なり本書は先づ筆を緒論に起して政治の大体を說明し本論に入て政治の体と用とを辯明し汎く國家の政治に關する解釋を試みられたり立論の痛切なる文章の雄健なる讀者之を諒せられよ。

第四拾八編

日本風俗史

全壹册　文學士坂本健一君著

風俗の推移は社會の眞相にして國家盛衰の繋る處此書我國風俗の沿革を叙して茫々三千年間大局の趨勢を示す古人曰く民俗士宜眞學問さ乞ふ擾々たる權勢爭奪史外別に國民全般眞意俗の開展を記する史界の半面を見よ。

第四拾九編

運送法

全壹册　法學士菅原大太郎君著

凡そ文明の進步は交通機關の完備を促し交通機關完備して交通愈頻繁さなれは之に關する諸種の錯綜せる權利義務を生ず運送法研究の必用なる所以なり著者玆に見るあり專ら英國に於ける運送法の原則を論述し加ふるに本邦の運送に關する法律規則を對照し斯道研究に資せしめんさす此れ本著ある所以なり。

第五拾編

社會學

全壹册　文學士十時彌君譯述

社會進化し文明發展して社會問題勃然さして起る斯書はフヱーアバンクス氏の原著にして社會に關する最新の學理を詳述したるもの譯者大學院にあり斯學を專攻するの餘暇之を譯述す教育家經世家其他人生社會に就きて感興するもの宜しく再讀三讀して新見識を得ざるべからず。

第五拾壹編

日本法制史

全壹册　文學士三浦菊太郎君著

上下二千五百年萬世一系の皇室を戴く無比の帝國其國民を統治する法制はまた宇内に卓絶せる特色無かるべからず列聖愛民の仁慈さ億兆忠君の至誠さは秀絶なる國躰を組織したる古來の法制に原つく而して未だ詳述したる書なし之あるは本書に始まる歷代法制の變遷沿革之を掌に睹るが如し。

第五拾二編

支那文明史

全壹册　文學士白河次郎　國府種德　兩君合著

支那文明を調査するは方今歐羅巴の學者が殊に留意する所なるに我邦の却て之に從事する者なきは最も怪むべきなり本書は即ち支那調査の急先鋒にして古今東西の學者が未だ道破せざる所未だ思慮し到らざりし所を指示し天下の支那學者を驚倒せしむるに足る者多し。

第五拾三編

畜產汎論

全壹册　農學士高見長恒君著

第五拾四編

畜產各論

全壹册　農學士田口晋吉君著

第五拾五編

森林保護學

全壹冊

農學士新島善直君著

第五拾七編

黴菌學

全壹冊

農學士井上正賀君著

國法學　　　日本立法資料全集　別巻 1204

平成30年10月20日　　復刻版第1刷発行

著　者　岸　崎　　昌
　　　　中　村　　孝

発行者　今　井　　貴
　　　　渡　辺　左　近

発行所　信　山　社　出　版
〒113-0033　東京都文京区本郷6-2-9-102
モンテベルデ第2東大正門前
電　話　03（3818）1019
F A X　03（3818）0344
郵便振替　00140-2-367777（信山社販売）
Printed in Japan.

制作／(株)信山社，印刷・製本／松澤印刷・日進堂

ISBN 978-4-7972-7320-5 C3332

巻数	書　名	編・著者	ISBN	本体価格
950	実地応用町村制質疑録	野田藤吉郎、國吉拓郎	ISBN978-4-7972-6656-6	22,000円
951	市町村議員必携	川瀬周次、田中迪三	ISBN978-4-7972-6657-3	40,000円
952	増補 町村制執務備考 全	増澤鐵、飯島篤雄	ISBN978-4-7972-6658-0	46,000円
953	郡区町村編制法 府県会規則 地方税規則 三法綱論	小笠原美治	ISBN978-4-7972-6659-7	28,000円
954	郡区町村編制 府県会規則 地方税規則 新法例纂 追加地方諸要則	柳澤武運三	ISBN978-4-7972-6660-3	21,000円
955	地方革新講話	西内天行	ISBN978-4-7972-6921-5	40,000円
956	市町村名辞典	杉野耕三郎	ISBN978-4-7972-6922-2	38,000円
957	市町村吏員提要〔第三版〕	田邊好一	ISBN978-4-7972-6923-9	60,000円
958	帝国市町村便覧	大西林五郎	ISBN978-4-7972-6924-6	57,000円
959	最近検定 市町村名鑑 附 官国幣社 及 諸学校所在地一覧	藤澤衛彦、伊東順彦、増田穆、関惣右衛門	ISBN978-4-7972-6925-3	64,000円
960	鼇頭対照 市町村制解釈 附 理由書 及 参考諸布達	伊藤寿	ISBN978-4-7972-6926-0	40,000円
961	市町村制釈義 完　附 市町村制理由	水越成章	ISBN978-4-7972-6927-7	36,000円
962	府県郡市町村 模範治績　附 耕地整理法 産業組合法 附属法令	荻野千之助	ISBN978-4-7972-6928-4	74,000円
963	市町村大字読方名彙〔大正十四年度版〕	小川琢治	ISBN978-4-7972-6929-1	60,000円
964	町村会議員選挙要覧	津田東璋	ISBN978-4-7972-6930-7	34,000円
965	市制町村制 及 府県制　附 普通選挙法	法律研究会	ISBN978-4-7972-6931-4	30,000円
966	市制町村制註釈 完　附 市制町村制理由〔明治21年初版〕	角田真平、山田正賢	ISBN978-4-7972-6932-1	46,000円
967	市町村制詳解 全　附 市町村制理由	元田肇、加藤政之助、日鼻豊作	ISBN978-4-7972-6933-8	47,000円
968	区町村会議要覧 全	阪田辨之助	ISBN978-4-7972-6934-5	28,000円
969	実用 町村制市制事務提要	河邨貞山、島村文耕	ISBN978-4-7972-6935-2	46,000円
970	新旧対照 市制町村制正文〔第三版〕	自治館編輯局	ISBN978-4-7972-6936-9	28,000円
971	細密調査 市町村便覧(三府 四十三県 北海道 樺太 台湾 朝鮮 関東州)　附 分類官公衙公私学校銀行所在地一覧表	白山榮一郎、森田公美	ISBN978-4-7972-6937-6	88,000円
972	正文 市制町村制 並 附属法規	法曹閣	ISBN978-4-7972-6938-3	21,000円
973	台湾朝鮮関東州 全国市町村便覧 各学校所在地〔第一分冊〕	長谷川好太郎	ISBN978-4-7972-6939-0	58,000円
974	台湾朝鮮関東州 全国市町村便覧 各学校所在地〔第二分冊〕	長谷川好太郎	ISBN978-4-7972-6940-6	58,000円
975	合巻 佛蘭西邑法・和蘭邑法・皇国郡区町村編成法	箕作麟祥、大井憲太郎、神田孝平	ISBN978-4-7972-6941-3	28,000円
976	自治之模範	江木翼	ISBN978-4-7972-6942-0	60,000円
977	地方制度実例総覧〔明治36年初版〕	金田謙	ISBN978-4-7972-6943-7	48,000円
978	市町村民 自治読本	武藤榮治郎	ISBN978-4-7972-6944-4	22,000円
979	町村制詳解　附 市制及町村制理由	相澤富蔵	ISBN978-4-7972-6945-1	28,000円
980	改正 市町村制 並 附属法規	楠綾雄	ISBN978-4-7972-6946-8	28,000円
981	改正 市制 及 町村制〔訂正10版〕	山野金蔵	ISBN978-4-7972-6947-5	28,000円

巻数	書　名	編・著者	ISBN	本体価格
915	改正 新旧対照市町村一覧	鍾美堂	ISBN978-4-7972-6621-4	78,000 円
916	東京市会先例彙輯	後藤新平、桐島像一、八田五三	ISBN978-4-7972-6622-1	65,000 円
917	改正 地方制度解説〔第六版〕	狭間茂	ISBN978-4-7972-6623-8	67,000 円
918	改正 地方制度通義	荒川五郎	ISBN978-4-7972-6624-5	75,000 円
919	町村制市制全書 完	中嶋廣蔵	ISBN978-4-7972-6625-2	80,000 円
920	自治新制 市町村会法要談 全	田中重策	ISBN978-4-7972-6626-9	22,000 円
921	郡市町村吏員 収税実務要書	荻野千之助	ISBN978-4-7972-6627-6	21,000 円
922	町村至宝	桂虎次郎	ISBN978-4-7972-6628-3	36,000 円
923	地方制度通 全	上山満之進	ISBN978-4-7972-6629-0	60,000 円
924	帝国議会府県会郡会市町村会議員必携 附関係法規 第1分冊	太田峯三郎、林田亀太郎、小原新三	ISBN978-4-7972-6630-6	46,000 円
925	帝国議会府県会郡会市町村会議員必携 附関係法規 第2分冊	太田峯三郎、林田亀太郎、小原新三	ISBN978-4-7972-6631-3	62,000 円
926	市町村是	野田千太郎	ISBN978-4-7972-6632-0	21,000 円
927	市町村執務要覧 全 第1分冊	大成館編輯局	ISBN978-4-7972-6633-7	60,000 円
928	市町村執務要覧 全 第2分冊	大成館編輯局	ISBN978-4-7972-6634-4	58,000 円
929	府県会規則大全　附 裁定録	朝倉達三、若林友之	ISBN978-4-7972-6635-1	28,000 円
930	地方自治の手引	前田宇治郎	ISBN978-4-7972-6636-8	28,000 円
931	改正 市制町村制と衆議院議員選挙法	服部喜太郎	ISBN978-4-7972-6637-5	28,000 円
932	市町村国税事務取扱手続	広島財務研究会	ISBN978-4-7972-6638-2	34,000 円
933	地方自治制要義 全	末松偕一郎	ISBN978-4-7972-6639-9	57,000 円
934	市町村特別税之栞	三邊長治、水谷平吉	ISBN978-4-7972-6640-5	24,000 円
935	英国地方制度 及 税法	良保両氏、水野遵	ISBN978-4-7972-6641-2	34,000 円
936	英国地方制度 及 税法	髙橋達	ISBN978-4-7972-6642-9	20,000 円
937	日本法典全書 第一編 府県制郡制註釈	上條慎蔵、坪谷善四郎	ISBN978-4-7972-6643-6	58,000 円
938	判例挿入 自治法規全集 全	池田繁太郎	ISBN978-4-7972-6644-3	82,000 円
939	比較研究 自治之精髄	水野錬太郎	ISBN978-4-7972-6645-0	22,000 円
940	傍訓註釈 市制町村制 並ニ 理由書〔第三版〕	筒井時治	ISBN978-4-7972-6646-7	46,000 円
941	以呂波引町村便覧	田山宗堯	ISBN978-4-7972-6647-4	37,000 円
942	町村制執務要録 全	鷹巣清二郎	ISBN978-4-7972-6648-1	46,000 円
943	地方自治 及 振興策	床次竹二郎	ISBN978-4-7972-6649-8	30,000 円
944	地方自治講話	田中四郎左衛門	ISBN978-4-7972-6650-4	36,000 円
945	地方施設改良 訓諭演説集〔第六版〕	鹽川玉江	ISBN978-4-7972-6651-1	40,000 円
946	帝国地方自治団体発達史〔第三版〕	佐藤亀齢	ISBN978-4-7972-6652-8	48,000 円
947	農村自治	小橋一太	ISBN978-4-7972-6653-5	34,000 円
948	国税 地方税 市町村税 滞納処分法問答	竹尾高堅	ISBN978-4-7972-6654-2	28,000 円
949	市町村役場実用 完	福井淳	ISBN978-4-7972-6655-9	40,000 円

別巻　巻数順一覧【878 ～ 914 巻】

巻数	書　名	編・著者	ISBN	本体価格
878	明治史第六編 政黨史	博文館編輯局	ISBN978-4-7972-7180-5	42,000 円
879	日本政黨發達史 全〔第一分冊〕	上野熊藏	ISBN978-4-7972-7181-2	50,000 円
880	日本政黨發達史 全〔第二分冊〕	上野熊藏	ISBN978-4-7972-7182-9	50,000 円
881	政党論	梶原保人	ISBN978-4-7972-7184-3	30,000 円
882	獨逸新民法商法正文	古川五郎、山口弘一	ISBN978-4-7972-7185-0	90,000 円
883	日本民法鼇頭對比獨逸民法	荒波正隆	ISBN978-4-7972-7186-7	40,000 円
884	泰西立憲國政治攬要	荒井泰治	ISBN978-4-7972-7187-4	30,000 円
885	改正衆議院議員選擧法釋義 全	福岡伯、横田左仲	ISBN978-4-7972-7188-1	42,000 円
886	改正衆議院議員選擧法釋義 附 改正貴族院令,治安維持法	犀川長作、犀川久平	ISBN978-4-7972-7189-8	33,000 円
887	公民必携 選擧法規ト判決例	大浦兼武、平沼騏一郎、木下友三郎、清水澄、三浦數平	ISBN978-4-7972-7190-4	96,000 円
888	衆議院議員選擧法輯覽	司法省刑事局	ISBN978-4-7972-7191-1	53,000 円
889	行政司法選擧判例總覽―行政救濟と其手續―	澤田竹治郎・川崎秀男	ISBN978-4-7972-7192-8	72,000 円
890	日本親族相續法義解 全	髙橋捨六・堀田馬三	ISBN978-4-7972-7193-5	45,000 円
891	普通選擧文書集成	山中秀男・岩本溫良	ISBN978-4-7972-7194-2	85,000 円
892	普選の勝者 代議士月旦	大石末吉	ISBN978-4-7972-7195-9	60,000 円
893	刑法註釋 卷一～卷四(上卷)	村田保	ISBN978-4-7972-7196-6	58,000 円
894	刑法註釋 卷五～卷八(下卷)	村田保	ISBN978-4-7972-7197-3	50,000 円
895	治罪法註釋 卷一～卷四(上卷)	村田保	ISBN978-4-7972-7198-0	50,000 円
896	治罪法註釋 卷五～卷八(下卷)	村田保	ISBN978-4-7972-7198-0	50,000 円
897	議會選擧法	カール・ブラウニアス、國政研究科會	ISBN978-4-7972-7201-7	42,000 円
901	鼇頭註釈 町村制　附 理由 全	八乙女盛次、片野続	ISBN978-4-7972-6607-8	28,000 円
902	改正 市制町村制　附 改正要義	田山宗堯	ISBN978-4-7972-6608-5	28,000 円
903	増補訂正 町村制詳解〔第十五版〕	長峰安三郎、三浦通太、野田千太郎	ISBN978-4-7972-6609-2	52,000 円
904	市制町村制 並 理由書　附 直接間接税類別及実施手続	高崎修助	ISBN978-4-7972-6610-8	20,000 円
905	町村制要義	河野正義	ISBN978-4-7972-6611-5	28,000 円
906	改正 市制町村制義解〔帝國地方行政学会〕	川村芳次	ISBN978-4-7972-6612-2	60,000 円
907	市制町村制 及 関係法令〔第三版〕	野田千太郎	ISBN978-4-7972-6613-9	35,000 円
908	市町村新旧対照一覧	中村芳松	ISBN978-4-7972-6614-6	38,000 円
909	改正 府県郡制問答講義	木内英雄	ISBN978-4-7972-6615-3	28,000 円
910	地方自治提要 全　附 諸届願書式 日用規則抄録	木村時義、吉武則久	ISBN978-4-7972-6616-0	56,000 円
911	訂正増補 市町村制問答詳解　附 理由及追輯	福井淳	ISBN978-4-7972-6617-7	70,000 円
912	改正 府県制郡制註釈〔第三版〕	福井淳	ISBN978-4-7972-6618-4	34,000 円
913	地方制度実例総覧〔第七版〕	自治館編輯局	ISBN978-4-7972-6619-1	78,000 円
914	英国地方政治論	ジョージ・チャールズ・ブロドリック、久米金彌	ISBN978-4-7972-6620-7	30,000 円